4주 완성 독해력

3 단계

초등 3~4학년 권장

교 재 내 용 문 의   교재 내용 문의는 EBS 초등사이트 (primary.ebs.co.kr)의 교재 Q&A 서비스를 활용하시기 바랍니다.

교 재 정 오 표 공 지   발행 이후 발견된 정오 사항을 EBS 초등사이트 정오표 코너에서 알려 드립니다. 교재 검색 ▶ 교재 선택 ▶ 정오표

교 재 정 정 신 청   공지된 정오 내용 외에 발견된 정오 사항이 있다면 EBS 초등사이트를 통해 알려 주세요. 교재 검색 ▶ 교재 선택 ▶ 교재 Q&A

평생을 살아가는 힘,
문해력을 키워 주세요!

문해력을 가장 잘 아는 EBS가 만든 문해력 시리즈

예비 초등 ~ 중학

문해력을 이루는 핵심 분야별 / 학습 단계별 교재

어휘   쓰기   ERI 독해   배경지식   디지털독해

우리 아이의 **문해력 수준은?**

더욱 효과적인 문해력 학습을 위한
EBS 문해력 진단 테스트

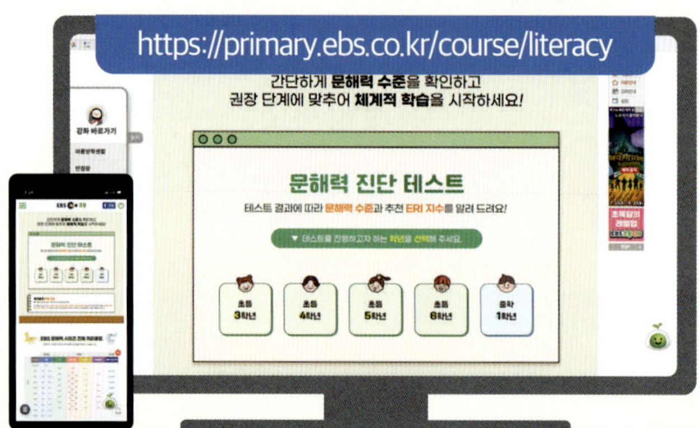

등급으로 확인하는
문해력 수준

문해력
등급 평가
초1 - 중1

4주 완성 독해력

3 단계

초등 3~4학년 권장

4주 완성 독해력은

국어과 교육 과정의 읽기 내용 체계를 바탕으로 구성하였습니다.

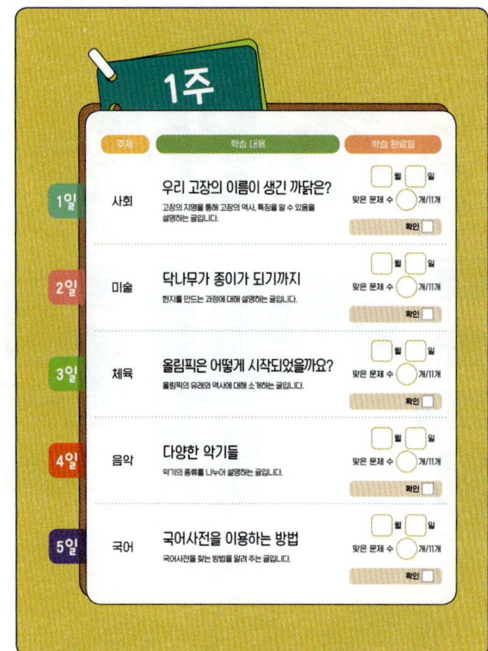

이 주의 학습 내용

한 주 동안 학습할 글들의 제목과 글에 대한 설명을 미리 살펴볼 수 있습니다. 학습 완료일과 맞은 문제 수를 적어 보세요. 완료 후 부모님이나 선생님께 확인을 받을 수 있습니다.

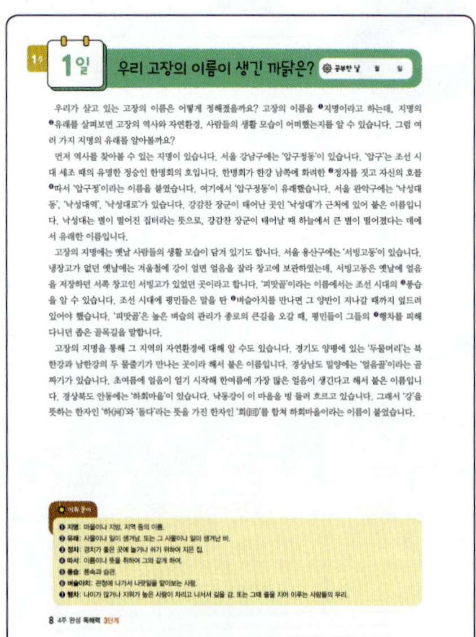

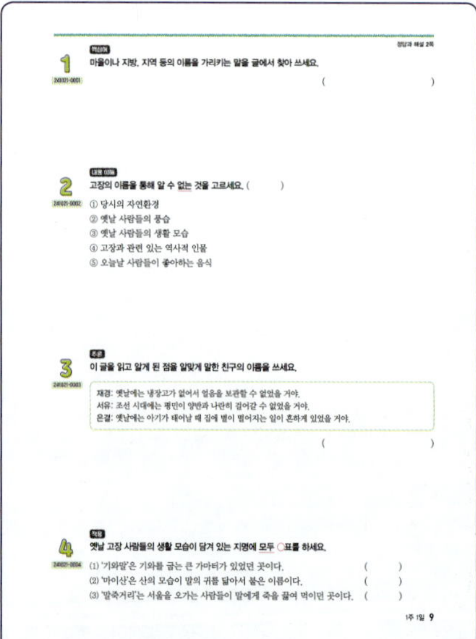

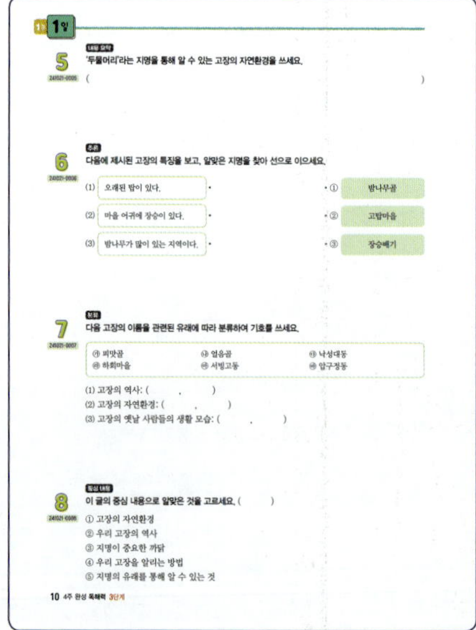

지문 & 어휘

국어, 수학, 사회, 과학 등 여러 교과의 다양한 주제를 담은 지문과 함께 글 이해에 도움이 되는 어려운 낱말을 모아 뜻을 제시하였습니다.

지문 문제

지문을 읽고 내용 이해, 내용 요약, 중심 내용, 어휘, 핵심어, 비교, 구분, 분류, 추론, 적용 등 다양한 문제를 풀면서 독해력을 늘릴 수 있습니다.

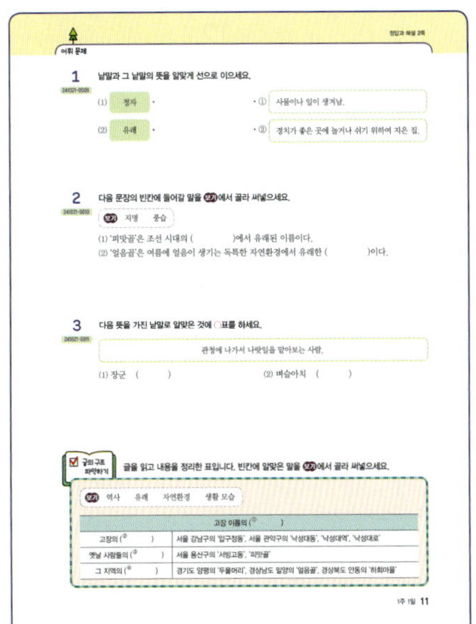

어휘 문제 & 글의 구조 파악하기

글의 내용을 이해하는 데 중요한 어휘에 대해 문제를 풀며 공부할 수 있습니다. 마지막으로 글의 구조를 파악하며 지문의 내용을 요약할 수 있습니다.

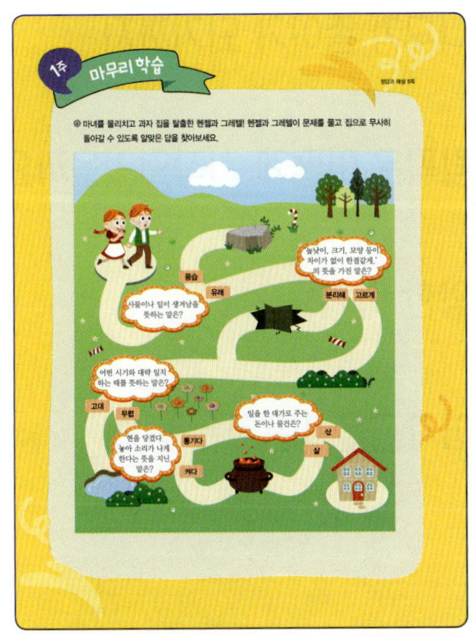

마무리 학습

길 찾기, 사다리 타기, 낱말 찾기, 십자말 풀이 등 재미있는 활동을 통해 한 주 동안 배운 내용을 다시 떠올릴 수 있습니다.

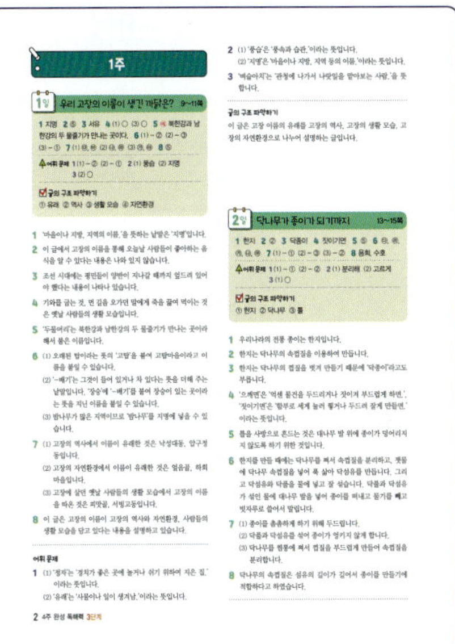

정답과 해설

정답과 해설을 분리 구성하여 편리하게 확인할 수 있습니다.

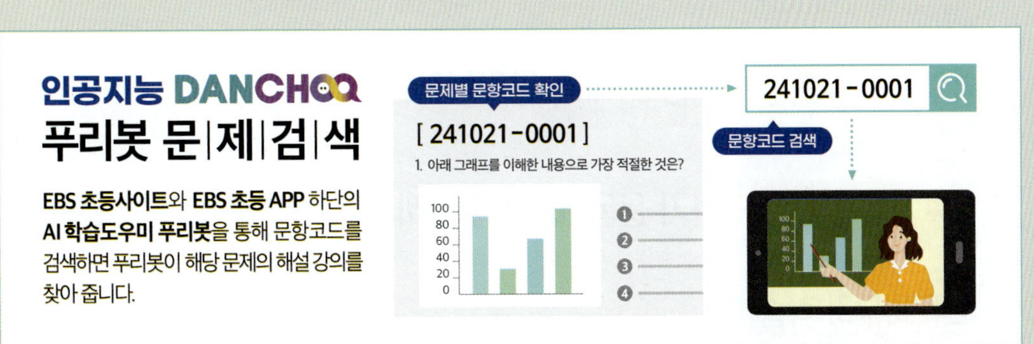

차례

1주

1일	사회	우리 고장의 이름이 생긴 까닭은?	8
2일	미술	닥나무가 종이가 되기까지	12
3일	체육	올림픽은 어떻게 시작되었을까요?	16
4일	음악	다양한 악기들	20
5일	국어	국어사전을 이용하는 방법	24
1주 마무리 학습			28

2주

1일	사회	교통수단의 변화와 우리 삶	30
2일	과학	다양하게 쓰이는 물질	34
3일	국어	'나는'과 '너는'으로 시작하는 말하기	38
4일	사회	세금에 대해 알아보아요	42
5일	체육	걷기 운동, 어떻게 할까요?	46
2주 마무리 학습			50

3주

1일	미술	판화의 세계	52
2일	도덕	살아가는 모습이 다양해요	56
3일	과학	고체, 액체 그리고 기체	60
4일	국어	도서관에서 책을 찾아요	64
5일	체육	공공 자전거를 타고 달려요	68
3주 마무리 학습			72

4주

1일	과학	닭과 개의 한살이	74
2일	국어	토의도 하고, 토론도 하고	78
3일	사회	고인돌 왕국, 우리나라	82
4일	과학	감기와 독감, 같은 듯 달라요	86
5일	사회	국민 생선, 명태	90
4주 마무리 학습			94

학습 방법

① 일별 **학습 내용**을 천천히 읽은 뒤, 예상 **학습 완료일**을 적어 보세요.

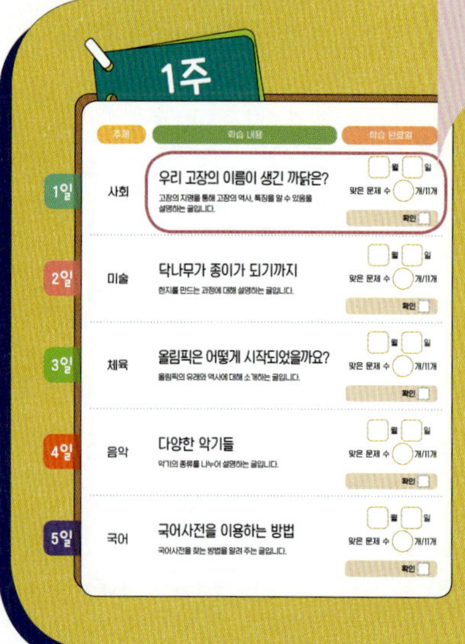

② 제목과 함께 지문의 내용을 읽으며 중요하다고 생각한 내용에 밑줄을 그어 보세요.

③ 모르는 낱말에 체크를 한 뒤 지문 아래 **어휘 풀이**에서 그 뜻을 찾아보세요. 만약 **어휘 풀이**에서 찾을 수 없다면 국어사전을 이용해 보세요.

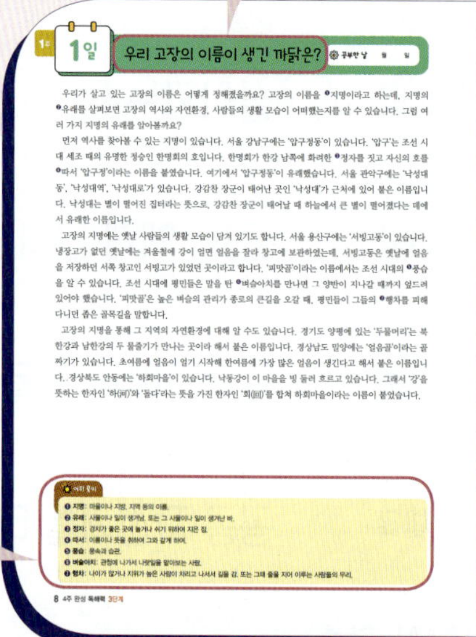

④ **내용 이해, 내용 요약, 중심 내용, 어휘, 핵심어, 비교, 구분, 분류, 추론, 적용** 등으로 구성된 문제를 풀어 보며 지문의 내용을 깊이 이해해 보세요.

⑤ **어휘 문제**를 풀며 어휘가 어떻게 사용될 수 있는지 확인해 보세요.

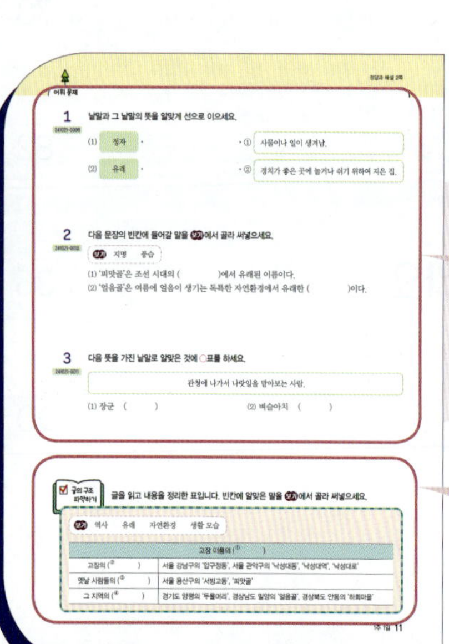

⑥ 지문의 내용이 충분히 이해가 되었다면, **글의 구조 파악하기**를 통해 빈칸을 채우면서 내용을 정리해 보세요.

주제	학습 내용	학습 완료일
1일 사회	**우리 고장의 이름이 생긴 까닭은?** 고장의 지명을 통해 고장의 역사, 특징을 알 수 있음을 설명하는 글입니다.	월 일 맞은 문제 수 개/11개 확인
2일 미술	**닥나무가 종이가 되기까지** 한지를 만드는 과정에 대해 설명하는 글입니다.	월 일 맞은 문제 수 개/11개 확인
3일 체육	**올림픽은 어떻게 시작되었을까요?** 올림픽의 유래와 역사에 대해 소개하는 글입니다.	월 일 맞은 문제 수 개/11개 확인
4일 음악	**다양한 악기들** 악기의 종류를 나누어 설명하는 글입니다.	월 일 맞은 문제 수 개/11개 확인
5일 국어	**국어사전을 이용하는 방법** 국어사전을 찾는 방법을 알려 주는 글입니다.	월 일 맞은 문제 수 개/11개 확인

우리 고장의 이름이 생긴 까닭은?

우리가 살고 있는 고장의 이름은 어떻게 정해졌을까요? 고장의 이름을 ❶지명이라고 하는데, 지명의 ❷유래를 살펴보면 고장의 역사와 자연환경, 사람들의 생활 모습이 어떠했는지를 알 수 있습니다. 그럼 여러 가지 지명의 유래를 알아볼까요?

먼저 역사를 찾아볼 수 있는 지명이 있습니다. 서울 강남구에는 '압구정동'이 있습니다. '압구'는 조선 시대 세조 때의 유명한 정승인 한명회의 호입니다. 한명회가 한강 남쪽에 화려한 ❸정자를 짓고 자신의 호를 ❹따서 '압구정'이라는 이름을 붙였습니다. 여기에서 '압구정동'이 유래했습니다. 서울 관악구에는 '낙성대동', '낙성대역', '낙성대로'가 있습니다. 강감찬 장군이 태어난 곳인 '낙성대'가 근처에 있어 붙은 이름입니다. 낙성대는 별이 떨어진 집터라는 뜻으로, 강감찬 장군이 태어날 때 하늘에서 큰 별이 떨어졌다는 데에서 유래한 이름입니다.

고장의 지명에는 옛날 사람들의 생활 모습이 담겨 있기도 합니다. 서울 용산구에는 '서빙고동'이 있습니다. 냉장고가 없던 옛날에는 겨울철에 강이 얼면 얼음을 잘라 창고에 보관하였는데, 서빙고동은 옛날에 얼음을 저장하던 서쪽 창고인 서빙고가 있었던 곳이라고 합니다. '피맛골'이라는 이름에서는 조선 시대의 ❺풍습을 알 수 있습니다. 조선 시대에 평민들은 말을 탄 ❻벼슬아치를 만나면 그 양반이 지나갈 때까지 엎드려 있어야 했습니다. '피맛골'은 높은 벼슬의 관리가 종로의 큰길을 오갈 때, 평민들이 그들의 ❼행차를 피해 다니던 좁은 골목길을 말합니다.

고장의 지명을 통해 그 지역의 자연환경에 대해 알 수도 있습니다. 경기도 양평에 있는 '두물머리'는 북한강과 남한강의 두 물줄기가 만나는 곳이라 해서 붙은 이름입니다. 경상남도 밀양에는 '얼음골'이라는 골짜기가 있습니다. 초여름에 얼음이 얼기 시작해 한여름에 가장 많은 얼음이 생긴다고 해서 붙은 이름입니다. 경상북도 안동에는 '하회마을'이 있습니다. 낙동강이 이 마을을 빙 둘러 흐르고 있습니다. 그래서 '강'을 뜻하는 한자인 '하(河)'와 '돌다'라는 뜻을 가진 한자인 '회(回)'를 합쳐 하회마을이라는 이름이 붙었습니다.

⭐ 어휘 풀이

❶ **지명**: 마을이나 지방, 지역 등의 이름.
❷ **유래**: 사물이나 일이 생겨남. 또는 그 사물이나 일이 생겨난 바.
❸ **정자**: 경치가 좋은 곳에 놀거나 쉬기 위하여 지은 집.
❹ **따서**: 이름이나 뜻을 취하여 그와 같게 하여.
❺ **풍습**: 풍속과 습관.
❻ **벼슬아치**: 관청에 나가서 나랏일을 맡아보는 사람.
❼ **행차**: 나이가 많거나 지위가 높은 사람이 차리고 나서서 길을 감. 또는 그때 줄을 지어 이루는 사람들의 무리.

1

핵심어

마을이나 지방, 지역 등의 이름을 가리키는 말을 글에서 찾아 쓰세요.

(   )

2 241021-0002

내용 이해

고장의 이름을 통해 알 수 <u>없는</u> 것을 고르세요. (   )

① 당시의 자연환경
② 옛날 사람들의 풍습
③ 옛날 사람들의 생활 모습
④ 고장과 관련 있는 역사적 인물
⑤ 오늘날 사람들이 좋아하는 음식

3 241021-0003

추론

이 글을 읽고 알게 된 점을 알맞게 말한 친구의 이름을 쓰세요.

재경: 옛날에는 냉장고가 없어서 얼음을 보관할 수 없었을 거야.
서유: 조선 시대에는 평민이 양반과 나란히 걸어갈 수 없었을 거야.
은결: 옛날에는 아기가 태어날 때 집에 별이 떨어지는 일이 흔하게 있었을 거야.

(   )

4 241021-0004

적용

옛날 고장 사람들의 생활 모습이 담겨 있는 지명에 모두 ○표를 하세요.

(1) '기와말'은 기와를 굽는 큰 가마터가 있었던 곳이다.   (   )
(2) '마이산'은 산의 모습이 말의 귀를 닮아서 붙은 이름이다.   (   )
(3) '말죽거리'는 서울을 오가는 사람들이 말에게 죽을 끓여 먹이던 곳이다.   (   )

내용 요약

5 '두물머리'라는 지명을 통해 알 수 있는 고장의 자연환경을 쓰세요.

241021-0005

(   )

추론

6 다음에 제시된 고장의 특징을 보고, 알맞은 지명을 찾아 선으로 이으세요.

241021-0006

(1) 오래된 탑이 있다.   ·

(2) 마을 어귀에 장승이 있다.   ·

(3) 밤나무가 많이 있는 지역이다.   ·

· ① 밤나무골

· ② 고탑마을

· ③ 장승배기

분류

7 다음 고장의 이름을 관련된 유래에 따라 분류하여 기호를 쓰세요.

241021-0007

| ㉮ 피맛골 | ㉯ 얼음골 | ㉰ 낙성대동 |
| ㉱ 하회마을 | ㉲ 서빙고동 | ㉳ 압구정동 |

(1) 고장의 역사: (,   )

(2) 고장의 자연환경: (,   )

(3) 고장의 옛날 사람들의 생활 모습: (,   )

중심 내용

8 이 글의 중심 내용으로 알맞은 것을 고르세요. (   )

241021-0008

① 고장의 자연환경

② 우리 고장의 역사

③ 지명이 중요한 까닭

④ 우리 고장을 알리는 방법

⑤ 지명의 유래를 통해 알 수 있는 것

1

241021-0009

낱말과 그 낱말의 뜻을 알맞게 선으로 이으세요.

(1) 정자 •　　　　　　　　　　• ① 사물이나 일이 생겨남.

(2) 유래 •　　　　　　　　　　• ② 경치가 좋은 곳에 놀거나 쉬기 위하여 지은 집.

2

241021-0010

다음 문장의 빈칸에 들어갈 말을 보기에서 골라 써넣으세요.

> **보기**　지명　　풍습

(1) '피맛골'은 조선 시대의 (　　　　　)에서 유래된 이름이다.
(2) '얼음골'은 여름에 얼음이 생기는 독특한 자연환경에서 유래한 (　　　　　)이다.

3

241021-0011

다음 뜻을 가진 낱말로 알맞은 것에 ◯표를 하세요.

> 관청에 나가서 나랏일을 맡아보는 사람.

(1) 장군 　(　　　　) 　　　　　　　　(2) 벼슬아치 　(　　　　)

글의 구조 파악하기

글을 읽고 내용을 정리한 표입니다. 빈칸에 알맞은 말을 보기에서 골라 써넣으세요.

> **보기**　역사　　유래　　자연환경　　생활 모습

고장 이름의 (① 　　　)	
고장의 (② 　　　)	서울 강남구의 '압구정동', 서울 관악구의 '낙성대동', '낙성대역', '낙성대로'
옛날 사람들의 (③ 　　　)	서울 용산구의 '서빙고동', '피맛골'
그 지역의 (④ 　　　)	경기도 양평의 '두물머리', 경상남도 밀양의 '얼음골', 경상북도 안동의 '하회마을'

닥나무가 종이가 되기까지

1966년, 경주 불국사에서 통일 신라 시대에 만들어진 무구정광대다라니경이 발견되었습니다. 만들어진 지 천 년이 넘었지만 오늘날까지도 남아 있는 이 **❶**경전은 우리나라의 전통 종이인 한지로 만들어졌습니다. 천 년을 살아 숨 쉬는 종이인 한지는 어떻게 만들어질까요?

한지는 닥나무의 껍질을 벗겨 만들어 '닥종이'라고도 부릅니다. 닥나무는 껍질 속 **❷**섬유의 길이가 길어 한지의 재료로 쓰기에 적당합니다. 먼저 찜통 위에 닥나무를 통째로 차곡차곡 쌓아 올리고 불을 지펴 찝니다. 쪄서 부드러워진 닥나무의 껍질을 벗겨내고, 겉껍질을 긁어내어 속껍질만 **❸**분리해 냅니다. 닥나무의 속껍질을 준비한 다음에는 물에 지푸라기를 태워 만든 재를 섞어 잿물을 만듭니다. 잿물에 닥나무의 속껍질을 넣어 푹 삶습니다. 이 과정을 거치고 나면 닥나무 껍질이 솜처럼 변하는데, 이것을 '닥섬유'라고 합니다. 이 닥섬유를 이용하여 한지를 만듭니다. 한지를 만들기 위해 필요한 다른 재료로는 '닥풀'이 있습니다. 닥풀이라는 식물의 뿌리를 모아 **❹**짓이기면 끈적한 액체가 나오는데, 이 액체는 섬유가 엉키지 않게 하여 종이를 **❺**고르게 하는 역할을 합니다.

한지를 만들기 위한 재료가 다 준비되었다면, 닥섬유와 닥풀을 물에 넣어서 잘 섞습니다. 닥풀과 닥섬유를 섞은 물속에 틀을 넣습니다. 틀이란 똑같이 생긴 물건을 여러 개 찍어내는 데 쓰는 도구입니다. 한지를 만들 때 쓰는 틀은 원하는 크기로 만든 나무 판 위에 대나무로 만든 **❻**발을 올려서 만듭니다. 틀을 사방으로 흔들며 대나무 발 위에 종이가 [　㉠　] 펴질 수 있도록 합니다. 대나무 발로 떠낸 종이는 차곡차곡 쌓아 물기를 뺍니다. 물이 빠진 종이는 주름이 지지 않도록 빗자루로 쓸며 말려 줍니다. 종이가 완전히 마르기 전, 더 촘촘하고 매끄럽게 만들기 위해 종이를 두드려 줍니다. 이 과정을 모두 거치면 우리의 전통 종이인 한지가 완성됩니다.

✦ 어휘 풀이

❶ 경전: 종교의 원리와 가르침을 적은 책.
❷ 섬유: 주로 천이나 의류 등의 재료가 되는, 생물체의 몸을 이루는 가늘고 긴 실 모양의 물질.
❸ 분리해: 서로 나뉘어 떨어지게 해.
❹ 짓이기면: 함부로 세게 눌러 찧거나 두드려 잘게 만들면.
❺ 고르게: 높낮이, 크기, 모양 등이 차이가 없이 한결같게. 가지런하게.
❻ 발: 갈대나 가늘게 쪼갠 대나무 등을 엮거나, 줄 등을 여러 가닥 나란히 늘어뜨려 만들어 무엇을 가리는 데 쓰는 물건.

1
241021-0012

우리나라의 전통 종이를 무엇이라고 하는지 글에서 찾아 쓰세요.

( )

2 내용 이해
241021-0013

이 글의 내용으로 알맞지 <u>않은</u> 내용을 고르세요. ( )

① 한지는 천 년이 지나도 보존이 가능하다.
② 한지는 닥나무의 겉껍질을 이용하여 만든다.
③ 종이가 다 마르기 전에 두드려 주면 종이가 매끈해진다.
④ 닥나무는 껍질 속 섬유가 길어서 종이를 만들기에 적당하다.
⑤ 빗자루로 쓸며 종이를 말리면 주름이 지는 것을 예방할 수 있다.

3 내용 이해
241021-0014

다음 설명을 참고하여, 한지를 부르는 다른 이름을 찾아 세 글자로 쓰세요.

> 한지는 닥나무의 껍질을 벗겨서 만듭니다.

( )

4 어휘
241021-0015

다음 밑줄 친 낱말과 바꾸어 쓸 수 있는 낱말을 글에서 찾아 쓰세요.

> 딸기를 방망이로 <u>으깨면</u> 딸기에서 즙이 나옵니다.

( )

추론

5 241021-0016

㉠에 들어갈 말로 알맞지 <u>않은</u> 것을 고르세요. (   )

① 얇게　　　　　② 고르게　　　　　③ 평평하게
④ 일정하게　　　⑤ 덩어리지게

내용 이해

6 241021-0017

한지를 만드는 방법에 맞게 순서대로 기호를 쓰세요.

㉮ 닥섬유와 닥풀을 잘 섞습니다.
㉯ 틀을 이용하여 종이를 떠냅니다.
㉰ 닥나무를 쪄서 속껍질을 분리합니다.
㉱ 잿물에 닥나무 속껍질을 넣어 삶습니다.
㉲ 종이의 물기를 빼고 빗자루로 쓸어서 말립니다.

(   ) → (   ) → (   ) → (   ) → (   )

추론

7 241021-0018

한지를 만들 때 하는 일과 그 이유를 알맞게 선으로 이으세요.

(1) 종이를 두드려 주기　·　　　·① 촘촘하게 하려고

(2) 닥풀과 닥섬유 섞기　·　　　·② 속껍질을 분리하려고

(3) 닥나무를 찜통에 찌기　·　　　·③ 종이를 고르게 하기 위해

추론

8 241021-0019

이 글을 읽고 알맞게 말한 두 친구를 찾아 이름을 쓰세요.

용희: 물이 빠진 종이를 그냥 말리면 주름이 질 수 있어.
민영: 섬유의 길이가 짧을수록 종이를 만들기 쉬울 거야.
수호: 마르기 전에 종이를 두드리면 종이가 매끈해질 거야.

(,   )

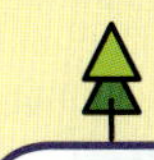

어휘 문제

1

241021-0020

낱말과 그 낱말의 뜻을 알맞게 선으로 이으세요.

(1) 경전 •

(2) 섬유 •

• ① 종교의 원리와 가르침을 적은 책.

• ② 생물체의 몸을 이루는 가늘고 긴 실 모양의 물질.

2

241021-0021

다음 문장의 빈칸에 들어갈 말을 보기에서 골라 써넣으세요.

보기 고르게   분리해

(1) 콩깍지에서 콩만 (   ) 그릇에 담는다.
(2) 울퉁불퉁한 땅을 (   ) 만드는 공사를 하고 있다.

3

241021-0022

다음 뜻을 가진 낱말로 알맞은 것에 ○표를 하세요.

갈대나 가늘게 쪼갠 대나무 등을 엮거나, 줄 등을 여러 가닥 나란히 늘어뜨려 만들어 무엇을 가리는 데 쓰는 물건.

(1) 발 (   )   (2) 틀 (   )

글의 구조 파악하기 글을 읽고 내용을 정리한 표입니다. 빈칸에 알맞은 말을 보기에서 골라 써넣으세요.

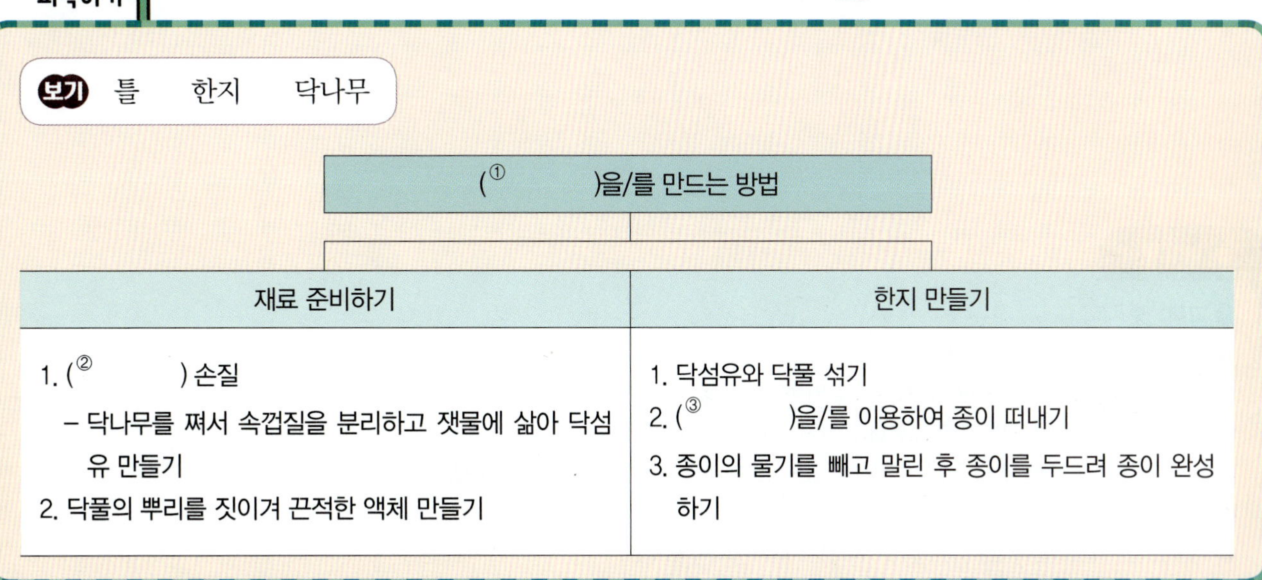

보기 틀   한지   닥나무

(①)을/를 만드는 방법	
재료 준비하기	**한지 만들기**
1. (②) 손질 – 닥나무를 쪄서 속껍질을 분리하고 잿물에 삶아 닥섬유 만들기 2. 닥풀의 뿌리를 짓이겨 끈적한 액체 만들기	1. 닥섬유와 닥풀 섞기 2. (③)을/를 이용하여 종이 떠내기 3. 종이의 물기를 빼고 말린 후 종이를 두드려 종이 완성하기

올림픽은 어떻게 시작되었을까요?

올림픽은 전 세계의 운동선수가 참여하는 세계인의 스포츠 축제입니다. 올림픽은 어떻게 시작되었을까요? 올림픽은 ❶고대 그리스에서 시작되었습니다. 고대 그리스에는 여러 도시 국가들이 있었습니다. 기원전 776년, 도시 국가들이 모여 제우스 신을 모신 '올림피아'에서 제우스 신을 위한 제사를 지낸 뒤 운동 경기를 했고 이것이 올림픽의 시작이었습니다.

처음에는 올림픽의 경기 ❷종목이 달리기만 있었습니다. 점차 멀리뛰기, 창던지기, 원반던지기, 전차 경주와 같은 종목들이 늘어나게 되었습니다. 경기에서 우승한 사람에게는 올리브 잎과 가지로 만든 관과 상금이 주어졌습니다. 올림픽에서 우승한 사람들은 사람들의 존경을 받고 큰 ❸명예를 얻을 수 있었습니다.

신을 위한 경기로 시작된 올림픽이었지만, 시간이 흐르며 올림픽이 ❹변질되기 시작했습니다. 선수들이 심판에게 ❺뇌물을 주거나 반칙을 하는 일이 잦아지고, 경쟁이 강조되며 우승만이 중요해졌습니다. 그러다 4세기 ❻무렵 그리스를 지배하던 로마가 기독교를 받아들이게 되었습니다. 기독교에서는 고대 그리스의 신을 인정하지 않았기 때문에, 제우스 신을 위한 행사인 올림픽이 금지되며 올림픽이 사라지게 되었습니다.

사람들의 기억에서 잊혔던 올림픽이 되살아날 수 있었던 것은 프랑스의 쿠베르탱 덕분이었습니다. 쿠베르탱이 어렸을 때, 프랑스와 독일의 전쟁이 있었습니다. 전쟁에서 패배한 프랑스는 독일에 아주 많은 돈을 주어야 했고, 중요한 땅도 빼앗겼습니다. 이것을 본 쿠베르탱은 프랑스가 강해지기 위해서는 [㉠   ]이 중요하다고 생각하여 스포츠를 강조했습니다. 쿠베르탱은 고대 그리스의 올림픽처럼 전 세계 사람들이 모여 스포츠를 ❼겨루는 대회를 만들어야겠다고 생각했습니다. 쿠베르탱은 많은 사람들을 설득하여 국제 올림픽 위원회를 만들었습니다. 1896년에 그리스의 아테네에서 열린 첫 올림픽을 시작으로 전 세계 대부분의 나라가 참여하는 오늘날의 올림픽이 되살아나게 되었습니다.

✦ 어휘 풀이

❶ **고대**: 옛 시대.
❷ **종목**: 여러 가지 종류에 따라 나눈 항목.
❸ **명예**: 세상으로부터 훌륭하다고 평가되고 인정되는 이름.
❹ **변질되기**: 본래의 성격과 다르게 변하게 되기.
❺ **뇌물**: 개인의 이익을 위해 공적인 책임이 있는 사람에게 건네는 부정한 돈이나 물건.
❻ **무렵**: 어떤 시기와 대략 일치하는 때.
❼ **겨루는**: 누가 힘이 더 센지, 누가 더 뛰어난지 드러나도록 싸우는.

1 핵심어

다음 빈칸에 들어갈 알맞은 말을 쓰세요.

241021-0023

> '올림피아'에서 제우스 신을 위한 제사를 지낸 후 운동 경기를 하던 것에서 시작된 것으로, 전 세계의 운동선수가 참여하는 스포츠 축제를 [   ](이)라고 합니다.

(   )

2 내용 이해

올림픽 종목의 변화에 맞게 기호를 쓰세요.

241021-0024

> ㉮ 달리기   ㉯ 멀리뛰기   ㉰ 창던지기   ㉱ 전차 경주   ㉲ 원반던지기

(1) 처음의 올림픽 종목	→	(2) 늘어난 종목

3 내용 이해

고대 그리스에서 열린 올림픽에서 우승한 사람이 얻을 수 있는 것이 <u>아닌</u> 것을 고르세요. (   )

241021-0025

① 상금
② 명예
③ 금메달
④ 사람들의 존경
⑤ 올리브 잎과 가지로 만든 관

4 추론

㉠에 들어갈 내용으로 알맞은 것을 고르세요. (   )

241021-0026

① 신을 믿는 것
② 명예를 얻는 것
③ 역사를 공부하는 것
④ 기술을 발전시키는 것
⑤ 몸을 강하게 만드는 것

내용 이해

5
241021-0027

각 시대에 어떤 일이 있었는지 찾아 선으로 이으세요.

(1) 기원전 776년 •

(2) 4세기 무렵 •

(3) 1896년 •

• ① 그리스의 아테네에서 올림픽이 열렸다.

• ② 기독교를 받아들이며 올림픽이 금지되었다.

• ③ 제우스 신을 위한 첫 올림픽 경기가 열렸다.

어휘

6
241021-0028

다음 뜻을 지닌 낱말을 고르세요. (   )

본래의 성격과 다르게 변함.

① 인정 ② 향상 ③ 변신
④ 변질 ⑤ 발전

내용 이해

7
241021-0029

오늘날의 올림픽이 되살아나는 데 중요한 역할을 한 사람의 이름을 글에서 찾아 쓰세요.

(   )

비교

8
241021-0030

고대 그리스의 올림픽과 오늘날의 올림픽을 정리한 표입니다. 빈칸에 내용이 맞으면 ○표를, 틀리면 ×표를 하세요.

	고대 그리스의 올림픽	오늘날의 올림픽	○/×
(1) 유래	제우스 신을 위한 제사에서 시작	프랑스와 독일의 전쟁을 겪은 쿠베르탱이 제안	
(2) 처음 열린 곳	올림피아	프랑스	
(3) 참가하는 나라	그리스의 도시 국가들	전 세계 대부분의 국가	

어휘 문제

1 낱말과 그 낱말의 뜻을 알맞게 선으로 이으세요.

241021-0031

(1) 명예 •　　　• ① 여러 가지 종류에 따라 나눈 항목.

(2) 종목 •　　　• ② 세상으로부터 훌륭하다고 평가되고 인정되는 이름.

2 다음 문장의 빈칸에 들어갈 말을 **보기**에서 골라 써넣으세요.

241021-0032

> **보기**　고대　　무렵

(1) (　　　　　) 그리스에서는 제우스 신을 모시는 제사를 지냈다.
(2) 놀이터에서 신나게 놀던 수호는 해가 질 (　　　　　)이/가 되어서야 집에 돌아갔다.

3 다음 뜻을 가진 낱말로 알맞은 것에 ○표를 하세요.

241021-0033

> 누가 힘이 더 센지, 누가 더 뛰어난지 드러나도록 싸우는.

(1) 패배한　(　　　　)　　　　　　　　　(2) 겨루는　(　　　　)

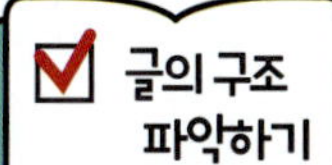

글의 구조 파악하기 글을 읽고 내용을 정리한 표입니다. 빈칸에 알맞은 말을 **보기**에서 골라 써넣으세요.

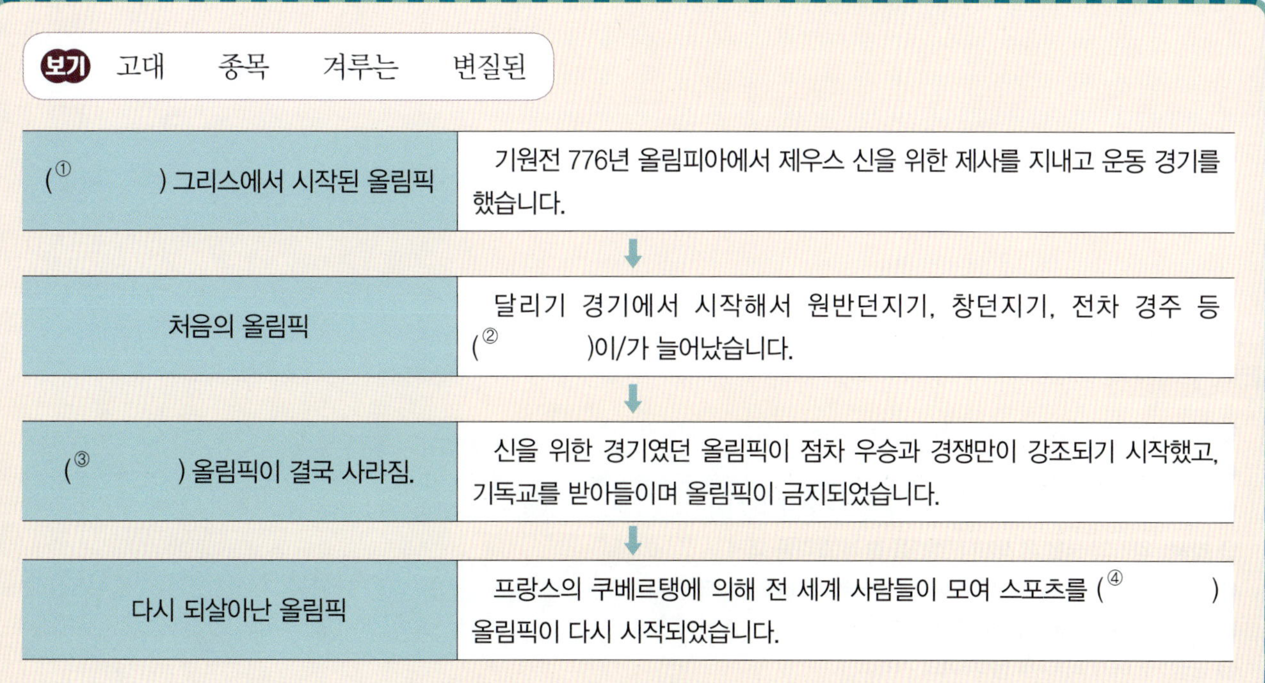

> **보기**　고대　　종목　　겨루는　　변질된

(① 　　　) 그리스에서 시작된 올림픽	기원전 776년 올림피아에서 제우스 신을 위한 제사를 지내고 운동 경기를 했습니다.
처음의 올림픽	달리기 경기에서 시작해서 원반던지기, 창던지기, 전차 경주 등 (② 　　　)이/가 늘어났습니다.
(③ 　　　) 올림픽이 결국 사라짐.	신을 위한 경기였던 올림픽이 점차 우승과 경쟁만이 강조되기 시작했고, 기독교를 받아들이며 올림픽이 금지되었습니다.
다시 되살아난 올림픽	프랑스의 쿠베르탱에 의해 전 세계 사람들이 모여 스포츠를 (④ 　　　) 올림픽이 다시 시작되었습니다.

다양한 악기들

　여러 악기가 함께 어우러져 연주하는 음악을 관현악이라고 합니다. 관현악을 연주하는 관현악단에는 여러 악기들이 모여 있습니다. 연주하는 음악에 따라 관현악단을 ❶구성하는 악기가 조금씩 달라지기도 하지만, 관현악단은 ❷대개 현악기, 관악기, 타악기로 이루어져 있습니다.

　현악기는 줄을 ❸켜거나 ❹타서 소리를 내는 악기입니다. 현악기에는 바이올린, 비올라, 첼로, 더블베이스 등이 있습니다. 현악기는 나무로 만들어지는 경우가 많습니다. 나무로 된 몸통에 소리를 낼 수 있는 줄인 현을 달아서 만듭니다. 연주자들은 현을 누르며 음의 높낮이를 조절합니다. 손으로 현을 누르는 부분을 지판이라고 하는데, 지판을 누르는 위치에 따라 음이 달라집니다. 연주자들은 한 손으로는 지판을 누르고 다른 손으로는 활을 이용하여 현을 문지르거나, 손가락으로 현을 ❺퉁겨서 연주를 합니다.

　관악기는 입으로 불어서 소리를 내는 악기를 말합니다. 연주자가 악기에 숨을 불어 넣으면 악기를 통과하는 공기가 ❻진동하면서 소리가 납니다. 관악기에 있는 구멍을 막거나 열어서 소리의 높낮이를 조절합니다. 악기를 만든 재료에 따라 목관악기와 금관악기로 분류할 수 있습니다. 목관악기는 나무로 만든 관악기를 뜻하는데, 요즘은 나무가 아닌 다양한 재료를 이용하여 만들기도 합니다. 플루트, 오보에, 클라리넷이 있습니다. 금관악기는 쇠붙이로 만든 관악기입니다. 금관악기는 목관악기보다 크고 강한 소리가 납니다. 트럼펫, 트롬본, 호른과 같은 악기들이 있습니다.

　타악기는 두드려서 소리를 내는 악기입니다. 손이나 채로 타악기를 두드리면 악기가 진동하면서 그 주변의 공기도 함께 떨리며 소리가 나게 됩니다. 타악기는 크게 두 가지로 나누어 볼 수 있습니다. 실로폰이나 팀파니처럼 치는 부분에 따라 높낮이가 다른 음을 낼 수 있는 타악기가 있습니다. 심벌즈, 캐스터네츠와 같이 음의 높낮이가 없이 한 음만 내는 타악기도 있습니다. 이러한 타악기는 ❼음정을 달리 할 수 없기 때문에 가락을 연주하지 못하고, 음악에 특별한 효과를 줄 때 사용합니다.

✸ 어휘 풀이

❶ **구성하는**: 몇 가지 부분이나 요소들을 모아서 일정한 전체를 짜 이루는.
❷ **대개**: 일반적인 경우에.
❸ **켜거나**: 현악기의 줄을 활 따위로 문질러 소리를 내거나.
❹ **타서**: 악기의 줄을 퉁기거나 건반을 눌러 소리를 내서
❺ **퉁겨서**: 기타, 하프 따위의 현을 당겼다 놓아 소리가 나게 해서.
❻ **진동하면서**: 흔들려 움직이면서.
❼ **음정**: 높이가 다른 두 음 사이의 간격.

1

【내용 이해】

여러 악기가 함께 어우러져 연주하는 음악을 무엇이라고 하는지 찾아 쓰세요.

(   )

2

【분류】

다음 악기를 종류에 따라 분류하여 기호를 쓰세요.

㉮ 첼로	㉯ 플루트	㉰ 오보에
㉱ 실로폰	㉲ 팀파니	㉳ 바이올린

(1) 현악기: (,   )
(2) 관악기: (,   )
(3) 타악기: (,   )

3

【내용 이해】

이 글의 내용으로 알맞지 <u>않은</u> 것을 고르세요. (   )

① 관현악단을 구성하는 악기는 항상 똑같다.
② 현악기는 나무로 된 몸통에 현을 달아서 만든다.
③ 요즘은 나무가 아닌 재료로 만들어진 목관악기도 있다.
④ 트럼펫은 플루트나 클라리넷보다 크고 강한 소리를 낸다.
⑤ 타악기 가운데에는 음의 높낮이를 다르게 낼 수 있는 악기도 있다.

4

【중심 내용】

글의 제목을 참고하여, 이 글에서 설명하는 내용으로 알맞은 것에 ○표를 하세요.

(1) 다양한 악기의 종류   (   )
(2) 관현악이 생겨나게 된 이유   (   )

5

241021-0038

다음 문장에 알맞은 내용을 골라 ○표를 하세요.

> '플루트', '클라리넷'은 ⑴(나무로 만든 / 쇠붙이로 만든) 악기이고, '트럼펫', '호른'은 ⑵(나무로 만든 / 쇠붙이로 만든) 악기입니다.

6

241021-0039

다음 악기와 그 악기를 연주하는 방법을 알맞게 선으로 이으세요.

(1)  (2)  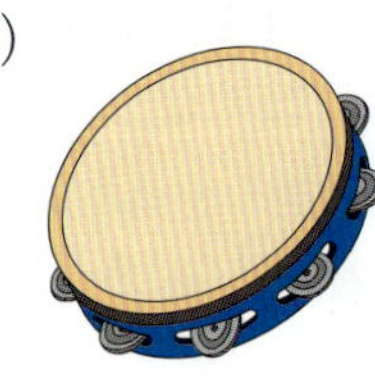 (3) 

① 퉁기다   ② 두드리다   ③ 불다

7

241021-0040

다음 설명에 해당하는 악기를 **보기**에서 골라 써넣으세요.

> **보기** 현악기   관악기   타악기

(1) 장구는 손과 채를 이용하여 두드려 소리를 냅니다.   (   )
(2) 가야금은 12개의 줄을 손으로 뜯고 퉁겨서 연주합니다.   (   )
(3) 단소는 대나무로 만든 악기로 입으로 불어서 소리를 냅니다.   (   )

8

241021-0041

악기를 구분하는 방법으로 알맞은 것에 ○표를 하세요.

> 현악기는 줄을 켜거나 타서 소리를 내고, 관악기는 입으로 불어서 소리를 냅니다. 타악기는 두드려서 소리를 냅니다. 이처럼 악기를 ☐에 따라 구분할 수 있습니다.

(1) 연주하는 음악   (   )
(2) 소리를 내는 방법   (   )
(3) 악기를 만드는 재료   (   )

어휘 문제

1

241021-0042

낱말과 그 낱말의 뜻을 알맞게 선으로 이으세요.

(1) 음정 •

(2) 진동 •

• ① 흔들려 움직임.

• ② 높이가 다른 두 음 사이의 간격.

2

241021-0043

다음 문장의 빈칸에 들어갈 말을 **보기**에서 골라 써넣으세요.

보기 대개   켜거나

(1) 학예회에서 바이올린을 (   ) 피아노를 치는 것이 좋겠어.
(2) 관현악단은 (   ) 관악기, 현악기, 타악기로 이루어져 있다.

3

241021-0044

다음 뜻을 가진 낱말로 알맞은 것에 ◯표를 하세요.

몇 가지 부분이나 요소들을 모아서 일정한 전체를 짜 이룸.

(1) 구성 (   )   (2) 조절 (   )

✓ 글의 구조 파악하기 글을 읽고 내용을 정리한 표입니다. 빈칸에 알맞은 말을 **보기**에서 골라 써넣으세요.

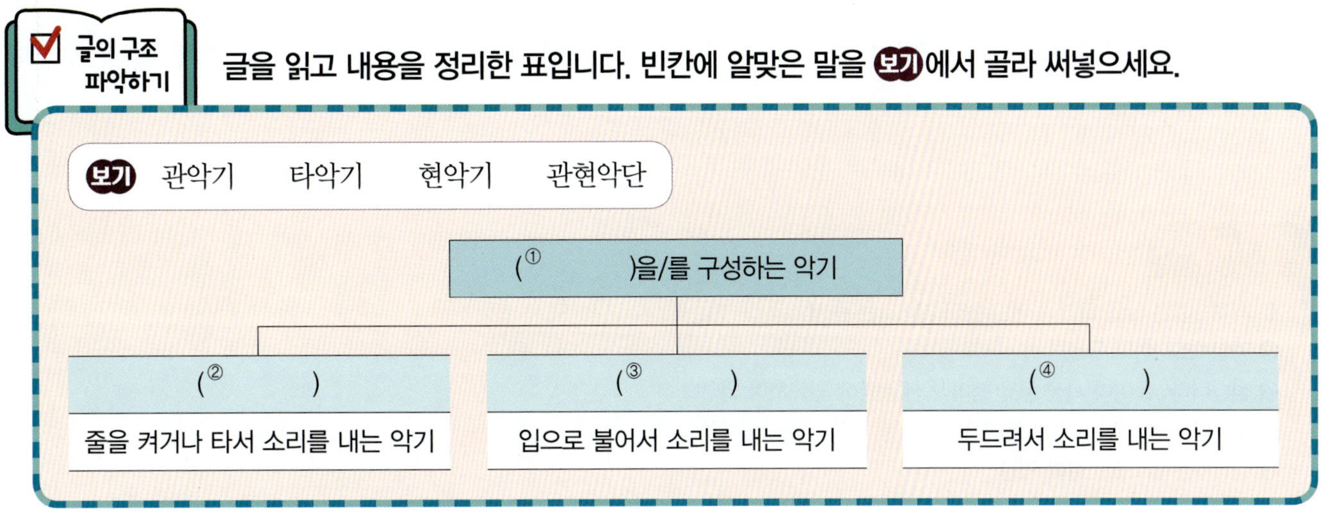

　사람들은 모르는 낱말의 뜻을 찾기 위해 국어사전을 이용합니다. 국어사전에서 낱말을 찾기 위해서는 먼저 낱말을 이루고 있는 글자의 ❶차례를 살펴봅니다. '사람'의 첫 글자는 '사', 두 번째 글자는 '람'입니다. 다음으로는 한글 글자의 ❷짜임을 알아야 합니다. 한글 글자는 첫 자음자, 모음자, 받침으로 이루어져 있습니다. '사'는 'ㅅ+ㅏ', '람'은 'ㄹ+ㅏ+ㅁ'으로 이루어져 있습니다. 국어사전에서 낱말을 찾을 때에는 낱말의 첫 번째 글자부터 첫 자음자, 모음자, 받침의 차례로 찾으면 됩니다.

　국어사전에는 첫 글자의 첫 자음자가 'ㄱ, ㄲ, ㄴ, ㄷ, ㄸ, ㄹ, ㅁ, ㅂ, ㅃ, ㅅ, ㅆ, ㅇ, ㅈ, ㅉ, ㅊ, ㅋ, ㅌ, ㅍ, ㅎ'인 순서대로 낱말을 ❸싣습니다. 예를 들어, '가방'과 '나비'라는 낱말이 있습니다. '가방'의 첫 글자인 '가'의 첫 자음자는 'ㄱ', '나비'의 첫 글자인 '나'의 첫 자음자는 'ㄴ'입니다. 'ㄱ'이 'ㄴ'보다 앞의 순서이므로, '가방'이 '나비'보다 먼저 나옵니다.

　첫 글자의 첫 자음자가 같을 때에는 모음자의 순서를 살펴보아야 합니다. 모음자의 순서는 'ㅏ, ㅐ, ㅑ, ㅒ, ㅓ, ㅔ, ㅕ, ㅖ, ㅗ, ㅘ, ㅙ, ㅚ, ㅛ, ㅜ, ㅝ, ㅞ, ㅟ, ㅠ, ㅡ, ㅢ, ㅣ'입니다. '대나무'와 '두부'는 첫 글자의 첫 자음자가 'ㄷ'으로 같고, 모음자가 각각 'ㅐ'와 'ㅜ'입니다. 'ㅐ'가 'ㅜ'보다 더 먼저 나오기 때문에 '대나무'를 '두부'보다 앞에 싣습니다.

　첫 글자의 첫 자음자와 모음자가 같다면 받침을 살펴봅니다. 받침이 없는 낱말과 받침이 있는 낱말 가운데에서는 받침이 없는 낱말이 먼저 나옵니다. '소나무'와 '손님' 가운데에서는 '소나무'가 먼저 나옵니다. 받침이 있는 낱말은 자음자의 순서대로 실려 있습니다. ㉠'잠자리'와 '장난감'이라는 낱말을 찾을 때, '잠'의 받침인 'ㅁ'과 '장'의 받침인 'ㅇ' 가운데에서 무엇이 앞의 순서인지를 살펴보면 어떤 낱말이 먼저 나오는지 알 수 있습니다.

　'닭'과 같은 낱말의 받침은 서로 다른 두 개의 자음자로 이루어져 있습니다. 두 개의 자음자로 이루어진 받침은 앞에 위치한 자음자를 먼저 확인합니다. '달'과 '닭' 가운데에서는 받침이 한 개인 '달'이 먼저 나옵니다. '❹삯'과 '❺삶' 가운데에서는 '삯'의 받침인 'ㄳ'의 앞에 나온 자음자인 'ㄱ'과 '삶'의 받침인 'ㄻ'의 앞에 나온 자음자인 'ㄹ'의 순서를 살펴봅니다. 'ㄱ'이 더 앞의 순서이기 때문에 '삯'이 더 앞에 실립니다. 받침의 앞에 나온 자음자가 같을 때에는 두 번째 자음자를 살펴봅니다. '읽다'와 '잃다'를 국어사전에서 찾을 때, '읽'의 받침인 'ㄺ'에서의 'ㄱ'이 '잃'의 받침인 'ㅀ'에서의 'ㅎ'보다 먼저 나오기 때문에 '읽다'가 '잃다'보다 앞에 실려 있습니다.

🌟 **어휘 풀이**

❶ **차례**: 어떤 일을 하거나 어떤 일이 일어나는 순서.
❷ **짜임**: 조직이나 구성.
❸ **싣습니다**: 글이나 사진 등을 책이나 신문 등에 인쇄하여 냅니다.
❹ **삯**: 일을 한 대가로 주는 돈이나 물건.
❺ **삶**: 사는 일. 또는 살아 있음.

1 

내용 요약

다음 빈칸에 들어갈 말을 글에서 찾아 쓰세요.

241021-0045

> 국어사전에서 낱말을 찾을 때에는 낱말의 첫 번째 글자부터 (   ), (   ), (   )의 차례로 찾으면 됩니다.

2

적용

보기 처럼 글자의 짜임에 맞게 빈칸에 알맞은 낱자를 쓰세요.

241021-0046

보기	첫 자음자	모음자	받침
솜	ㅅ	ㅗ	ㅁ

	첫 자음자	모음자	받침
말			

3

내용 이해

다음 중 알맞지 <u>않은</u> 것을 고르세요. (   )

241021-0047

① '사람'이라는 낱말의 첫 글자는 '사'이다.
② 국어사전에서는 '가방'이 '나비'보다 먼저 나온다.
③ 한글 글자는 첫 자음자, 받침으로 이루어져 있다.
④ '닭'은 받침이 서로 다른 두 개의 자음자로 이루어진 낱말이다.
⑤ 국어사전에서는 '대나무'와 '두부' 가운데에서 '두부'가 뒤에 나온다.

4

적용

다음과 같은 순서로 국어사전에 낱말을 싣는 까닭으로 알맞은 것에 <u>모두</u> ○표를 하세요.

241021-0048

> 댕기   반지   방울   버선

(1) 첫 글자의 첫 자음자인 'ㄷ'이 'ㅂ'보다 앞의 순서이므로 '댕기'를 가장 먼저 싣는다. (   )

(2) 첫 글자의 첫 자음자가 같으면 모음자를 비교하는데, 'ㅏ'가 'ㅓ'보다 먼저 나오므로 '버선'을 가장 나중에 싣는다. (   )

(3) '반지'의 첫 글자 받침인 'ㄴ'이 '방울'의 첫 글자 받침인 'ㅇ'보다 앞에 나오는 자음자이므로 '방울'을 '반지'보다 앞에 싣는다. (   )

어휘

5

241021-0049

다음 빈칸에 공통으로 들어갈 낱말이 무엇인지 글에서 찾아 쓰세요.

> • 국어사전에서 낱말의 뜻을 찾기 위해서는 글자의 ☐☐☐☐☐을/를 알아야 합니다.
> • 낱말의 첫 번째 글자부터 첫 자음자, 모음자, 받침의 ☐☐☐☐☐(으)로 찾아봅니다.

(   )

추론

6

241021-0050

㉠을 참고하여, 국어사전에서 '잠자리'와 '장난감' 가운데에서 어떤 낱말이 먼저 나오는지 쓰세요.

(   )

적용

7

241021-0051

다음 낱말을 국어사전에 실린 순서대로 쓰세요.

> 앉다   안다   않다

(   ), (   ), (   )

내용 이해

8

241021-0052

국어사전에 낱말을 싣는 방법으로 알맞은 것을 고르세요. (   )

① 낱말의 마지막 글자를 먼저 비교한다.
② '자다'와 '작다' 가운데에서 받침이 있는 '작다'를 앞에 싣는다.
③ '업다'와 '없다' 가운데에서 받침이 하나인 '업다'를 앞에 싣는다.
④ '돌'과 '땀'의 첫 자음자인 'ㄷ'과 'ㄸ'을 비교하여 '땀'을 앞에 싣는다.
⑤ '우유'와 '우울하다' 가운데에서 '우유'의 글자 수가 적으므로 앞에 싣는다.

어휘 문제

1

241021-0053

낱말과 그 낱말의 뜻을 알맞게 선으로 이으세요.

(1) 삯 ·

(2) 삶 ·

· ① 사는 일. 또는 살아 있음.

· ② 일을 한 대가로 주는 돈이나 물건.

2

241021-0054

다음 문장의 빈칸에 들어갈 말을 **보기**에서 골라 써넣으세요.

> **보기** 짜임   차례

(1) '달'과 '닭' 가운데에서 국어사전에는 '달'이 앞의 (   )에 나온다.
(2) '달'은 '첫 자음자+모음자+받침'의 (   )(으)로 이루어진 글자이다.

3

241021-0055

다음 뜻을 가진 낱말로 알맞은 것에 ○표를 하세요.

> 글이나 사진 등을 책이나 신문 등에 인쇄하여 내다.

(1) 싣다   (   )   (2) 찾다   (   )

☑ 글의 구조 파악하기 글을 읽고 내용을 정리한 표입니다. 빈칸에 알맞은 말을 **보기**에서 골라 써넣으세요.

> **보기** 짜임   모음자   첫 자음자

국어사전에서 낱말을 찾는 방법	
낱말 파악하기	낱말을 이루고 있는 글자의 차례와 글자의 (①) 알기
(②)의 순서	ㄱ, ㄲ, ㄴ, ㄷ, ㄸ, ㄹ, ㅁ, ㅂ, ㅃ, ㅅ, ㅆ, ㅇ, ㅈ, ㅉ, ㅊ, ㅋ, ㅌ, ㅍ, ㅎ
(③)의 순서	ㅏ, ㅐ, ㅑ, ㅒ, ㅓ, ㅔ, ㅕ, ㅖ, ㅗ, ㅘ, ㅙ, ㅚ, ㅛ, ㅜ, ㅝ, ㅞ, ㅟ, ㅠ, ㅡ, ㅢ, ㅣ
받침이 있는 낱말	받침이 없는 낱말이 먼저 나오고, 그다음 받침이 있는 낱말이 나옴.
겹받침이 있는 낱말	받침의 앞에 위치한 자음자부터 살펴봄.

1주 마무리 학습

✿ 마녀를 물리치고 과자 집을 탈출한 헨젤과 그레텔! 헨젤과 그레텔이 문제를 풀고 집으로 무사히 돌아갈 수 있도록 알맞은 답을 찾아보세요.

주제	학습 내용	학습 완료일
1일 사회	**교통수단의 변화와 우리 삶** 과거, 현재, 미래의 교통수단에 대해 설명하는 글입니다.	월 일 맞은 문제 수 ◯ 개/11개 확인
2일 과학	**다양하게 쓰이는 물질** 여러 가지 물질의 성질과 쓰임에 대해 알려 주는 글입니다.	월 일 맞은 문제 수 ◯ 개/11개 확인
3일 국어	**'나는'과 '너는'으로 시작하는 말하기** 상대를 배려하며 말하는 방법인 나 전달법을 너 전달법과 비교하여 소개하는 글입니다.	월 일 맞은 문제 수 ◯ 개/11개 확인
4일 사회	**세금에 대해 알아보아요** 세금의 뜻, 쓰임, 종류에 대해 소개하는 글입니다.	월 일 맞은 문제 수 ◯ 개/11개 확인
5일 체육	**걷기 운동, 어떻게 할까요?** 걷기의 올바른 자세와 걷기 운동의 방법에 대해 설명하는 글입니다.	월 일 맞은 문제 수 ◯ 개/11개 확인

교통수단의 변화와 우리 삶

옛날 사람들이 이용했던 교통수단은 사람이나 동물, 자연의 힘으로 움직였습니다. 그리고 나무와 식물의 줄기 등 자연에서 쉽게 구할 수 있는 재료를 사용해 교통수단을 만들었습니다. 사람들이 땅에서 이동할 때에는 말, 당나귀, 가마를 이용했고, 물건을 옮길 때에는 ❶소달구지를 사용했습니다. 물에서 이용했던 교통수단에는 ❷뗏목, 돛단배 등이 있습니다. 옛날의 교통수단은 오늘날과 달리 환경을 오염시키지는 않았지만 힘이 많이 들고 이동 시간이 오래 걸렸습니다. 또, 여러 사람이 같이 이용하기 어려웠을 뿐만 아니라 많은 물건을 한 번에 옮기기 어려웠습니다.

과학 기술이 발달한 오늘날 사람들이 이용하는 교통수단은 자동차, 버스, 전철, 비행기, 기차, ❸여객선, 오토바이 등과 같이 종류가 매우 다양해졌습니다. 이와 같은 교통수단은 석유, 가스, 전기 등의 ❹연료를 이용합니다. 기계의 힘을 이용하기 때문에 한 번에 많은 사람이 이동하거나 많은 물건을 실어 나를 수 있고 먼 곳까지 빠르게 이동할 수 있습니다. 교통수단의 발달로 생활 모습도 달라졌습니다. 버스를 타고 친구들과 함께 현장 체험 학습을 가기도 하고, 비행기를 타고 해외여행을 가기도 합니다. 가게에 음식을 주문하면 오토바이를 탄 배달원이 짧은 시간에 집까지 가져다주기도 합니다. 또, 전 세계적으로 이동이 활발해져 여러 나라에서 온 다양한 물건을 집에서 가까운 ❺매장에서도 살 수 있습니다.

앞으로는 전기 자동차와 ❻인공 지능을 갖춘 ❼자율 주행 자동차가 늘어날 것입니다. 자율 주행 자동차는 사람이 운전하지 않아도 스스로 움직이기 때문에 운전 기술이 없는 사람도 자동차를 타고 자유롭게 이동할 수 있습니다. 또한 하늘을 나는 자동차, 모양이 바뀌거나 접히는 자동차, 태양열이나 그 밖의 에너지로 움직이는 교통수단도 생겨날 것입니다. 이렇게 새로운 교통수단이 등장하면 우리 삶에도 더 많은 변화가 일어날 것입니다.

어휘 풀이

❶ **소달구지**: 소가 끄는 수레.
❷ **뗏목**: 통나무를 나란히 이어서 물에 띄워 사람이나 물건을 운반할 수 있도록 만든 것.
❸ **여객선**: 여객(비행기나 배에 타는 사람)을 태워 나르기 위한 배.
❹ **연료**: 태워서 빛이나 열을 내거나 기계를 움직이는 에너지를 얻을 수 있는 물질.
❺ **매장**: 물건을 파는 곳.
❻ **인공 지능**: 인간처럼 언어를 이해하고 새로운 것을 학습하고 추리하는 등의 능력을 컴퓨터 프로그램으로 실현한 기술.
❼ **자율 주행 자동차**: 사람이 운전하지 않아도 스스로 움직이는 자동차.

1 **핵심어**
241021-0056
사람들이 이동하거나 물건을 옮기는 데 사용하는 방법이나 도구를 뜻하는 낱말을 글에서 찾아 쓰세요.

(   )

2 **내용 이해**
241021-0057
이 글에 나타나 있지 <u>않은</u> 내용을 고르세요. (   )

① 옛날의 교통수단
② 미래의 교통수단
③ 오늘날의 교통수단
④ 오늘날의 교통수단 연료
⑤ 옛날의 교통수단 이용료

3 **분류**
241021-0058
다음 교통수단을 기준에 알맞게 나누어 기호를 쓰세요.

| ㉮ 말 | ㉯ 가마 | ㉰ 뗏목 | ㉱ 당나귀 | ㉲ 돛단배 |

(1) 물에서 이용한 교통수단: (,   )
(2) 땅에서 이용한 교통수단: (,   ,   )

4 **내용 이해**

241021-0059
옛날 교통수단의 좋은 점으로 알맞은 것을 고르세요. (   )

① 매우 다양했다.
② 힘이 적게 들었다.
③ 이동 시간이 빨랐다.
④ 환경을 오염시키지 않았다.
⑤ 한 번에 많은 짐을 옮길 수 있었다.

내용 요약

5
241021-0060

오늘날 교통수단의 발달로 달라진 생활 모습을 한 가지만 간추려 쓰세요.

추론

6
241021-0061

교통이 발달하면서 변화하는 고장의 모습으로 알맞은 것에 <u>모두</u> ○표를 하세요.

(1) 도로의 수가 점점 줄어든다. ( )

(2) 다른 고장과의 교류가 활발해진다. ( )

(3) 다른 지역으로 갈 수 있는 길이 많아진다. ( )

적용

7
241021-0062

오늘날 교통수단의 발달이 가져온 문제점을 알맞게 말한 친구의 이름을 쓰세요.

> 은아: 교통수단이 증가하면서 환경이 오염되고 있어.
> 연주: 한 번에 많은 물건을 실어 나르기가 어려워졌어.
> 미성: 기계의 힘을 이용하기 때문에 이동 시간이 오래 걸려.
> 성욱: 교통수단을 여러 사람이 같이 이용하기가 힘들어졌어.

( )

내용 이해

8
241021-0063

미래에 이용할 교통수단으로 알맞지 <u>않은</u> 것을 고르세요. ( )

① 자율 주행 자동차

② 하늘을 나는 자동차

③ 모양이 바뀌는 자동차

④ 소와 말이 끄는 자동차

⑤ 태양열로 움직이는 자동차

어휘 문제

1

241021-0064

낱말과 그 낱말의 뜻을 알맞게 선으로 이으세요.

(1) 뗏목 •

(2) 여객선 •

• ① 사람을 태워 나르기 위한 배.

• ② 통나무를 나란히 이어서 물에 띄워 사람이나 물건을 운반할 수 있도록 만든 것.

2

241021-0065

다음 문장의 빈칸에 들어갈 말을 **보기**에서 골라 써넣으세요.

보기 매장 연료

(1) 기계를 움직이려면 석유, 가스, 전기와 같은 (   )이/가 필요하다.
(2) 백화점에는 다양한 물건을 살 수 있는 다양한 종류의 (   )이/가 있다.

3

241021-0066

다음 뜻을 가진 낱말로 알맞은 것에 ○표를 하세요.

> 인간의 학습 능력, 언어 이해 능력 등을 컴퓨터 프로그램으로 실현한 기술.

(1) 인공위성   (   )   (2) 인공 지능   (   )

☑ **글의 구조 파악하기** 글을 읽고 내용을 정리한 표입니다. 빈칸에 알맞은 말을 **보기**에서 골라 써넣으세요.

보기 기계 미래 오래 자율

옛날의 교통수단	오늘날의 교통수단	(③)의 교통수단
• 사람, 동물, 자연의 힘으로 움직임. • 말, 가마, 소달구지, 뗏목, 돛단배 등이 있었음. • 한 번에 많은 사람과 물건을 실어 나르기 어렵고 이동 시간이 (①) 걸림.	• 연료를 이용하여 (②)의 힘으로 움직임. • 자동차, 버스, 전철, 비행기, 기차, 여객선, 오토바이 등이 있음. • 한 번에 많은 사람과 물건을 실어 나를 수 있고 이동 시간이 짧음.	• 전기 자동차, (④) 주행 자동차, 하늘을 나는 자동차, 모양이 바뀌는 자동차, 태양열로 움직이는 교통수단 등이 생겨날 것임.

다양하게 쓰이는 물질

장난감 가게에 가면 여러 가지 재료와 모양으로 만들어진 인형을 볼 수 있습니다. 길을 가다 보면 도로에서 자전거나 자동차도 볼 수 있습니다. 집 안의 부엌을 둘러보면 다양한 종류의 그릇이나 컵, 설거지할 때 쓰는 고무장갑, 칼로 음식의 재료를 썰 때 사용하는 도마 등을 볼 수 있습니다. 이처럼 인형, 자전거, 자동차, 그릇, 컵, 고무장갑, 도마처럼 모양이 있고 공간을 ❶차지하고 있는 것을 물체라고 하고, 물체를 만드는 재료를 물질이라고 합니다. 다시 말해, 우리 눈에 보이는 물체들은 여러 가지 물질로 이루어져 있습니다.

물질에는 금속, 플라스틱, 나무, 고무, 유리, 종이, 가죽 등이 있는데, 각각 ❷고유한 ❸성질이 있습니다. 금속은 ❹광택이 있고 나무보다 단단하며 딱딱하고 무거워 못, 클립, 열쇠 등을 만드는 데 쓰입니다. 플라스틱은 금속보다 가볍고, 플라스틱을 이용하면 다양한 모양과 색깔의 물체를 쉽게 만들 수 있어서 장난감 블록 등의 재료로 사용합니다. 나무는 금속보다 가볍고 고유한 향과 무늬가 있습니다. 나무는 책상이나 의자 등의 재료가 됩니다. 고무는 쉽게 구부러지고 잡아당기면 늘어났다가 놓으면 다시 돌아오는 성질이 있어서 고무를 가지고 고무줄 등을 만들 수 있습니다. 또 잘 미끄러지지 않고 물에 젖지 않는 고무의 성질을 이용해서 만드는 자동차의 타이어는 ❺충격을 잘 ❻흡수하고 ❼탄력이 있습니다. 유리창이나 유리컵을 만들 수 있는 유리는 투명하며 다른 물체와 부딪치면 잘 깨지는 물질입니다. 교과서나 공책 등의 재료가 되는 종이는 잘 찢어지고 접을 수 있으며 물에 잘 젖습니다. 축구공의 재료가 되는 가죽은 잘 찢어지지 않고 질깁니다.

이처럼 물질은 종류에 따라 색깔, 만졌을 때의 느낌, 단단한 정도, 구부러지는 정도 등 그 성질이 다릅니다. 따라서 물체의 쓰임새에 알맞은 물질을 선택하여 물체를 만들면 사용하기에 더 좋습니다.

✨ 어휘 풀이

❶ **차지하고**: 일정한 공간이나 비율을 이루고.
❷ **고유한**: 한 사물이나 집단 등이 본래부터 지니고 있는 것으로 다른 것과 다른.
❸ **성질**: 사물이나 현상이 가지고 있는 고유의 특징.
❹ **광택**: 표면이 매끄러운 물체에서 반사되는 반짝이는 빛.
❺ **충격**: 물체에 급격히 가하여지는 힘.
❻ **흡수하고**: 안이나 속으로 빨아들이고.
❼ **탄력**: 용수철처럼 튀거나 팽팽하게 버티는 힘.

1 핵심어

물체를 만드는 재료를 무엇이라고 하는지 글에서 찾아 쓰세요.

241021-0067

(   )

2 내용 이해

다음에서 물질을 모두 골라 ◯표를 하세요.

241021-0068

| 컵 | 그릇 | 금속 | 유리 | 가죽 | 인형 | 종이 |

3 내용 이해

금속의 성질로 알맞은 것을 두 가지 고르세요. (,   )

241021-0069

① 광택이 있다.
② 물에 잘 젖는다.
③ 쉽게 구부러진다.
④ 나무보다 단단하다.
⑤ 다른 물체와 부딪치면 잘 깨진다.

4 비교

플라스틱과 나무의 공통점으로 알맞은 것에 ◯표를 하세요.

241021-0070

(1) 투명하다.   (   )
(2) 금속보다 가볍다.   (   )
(3) 고유한 향이 있다.   (   )

내용 이해

5 다음 물체를 이루는 물질은 무엇인지 글에서 찾아 쓰세요.

241021-0071

(1) 의자 

(   )

(2) 고무줄 

(   )

(3) 장난감 블록 

(   )

추론

6 재료의 성질로 보아 가장 잘 구부러질 막대는 무엇인지 고르세요. (   )

241021-0072

① 고무 막대   ② 금속 막대

③ 나무 막대   ④ 유리 막대

⑤ 플라스틱 막대

적용

7 친구들이 각각 플라스틱, 종이, 유리로 만든 컵의 좋은 점을 말하고 있습니다. 알맞게 말한 친구의 이름을 쓰세요.

241021-0073

> 민준: 플라스틱으로 만든 컵은 색깔이 다양해.
> 성현: 종이로 만든 컵은 단단하고 질겨서 오래 쓸 수 있어.
> 유나: 유리로 만든 컵은 잘 깨지지 않고 무엇이 들어 있는지 쉽게 알 수 있어.

(   )

내용 이해

8 이 글에서 설명한 내용으로 알맞지 <u>않은</u> 것을 고르세요. (   )

241021-0074

① 물체의 예

② 물질의 종류

③ 물체와 물질의 뜻

④ 여러 가지 물질의 성질

⑤ 물에 가라앉는 물질의 종류

어휘 문제

1

241021-0075

다음 뜻을 가진 낱말로 알맞은 것에 ○표를 하세요.

> 한 사물이나 집단 등이 본래부터 지니고 있는 것으로 다른 것과 다른.

(1) 고유한　（　　　　　）　　　　　　　　　(2) 비슷한　（　　　　　）

2

241021-0076

다음 문장의 빈칸에 들어갈 말을 보기에서 골라 써넣으세요.

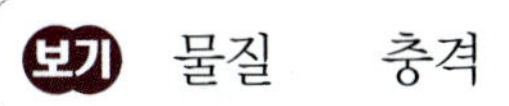 물질　　충격

(1) 교실에서 볼 수 있는 물체들은 여러 가지 (　　　　　)(으)로 이루어져 있다.
(2) 타이어는 고무로 만들어져서 울퉁불퉁한 도로를 달릴 때 외부 (　　　　　)을 잘 흡수한다.

3

241021-0077

다음 문장에 알맞은 말을 골라 ○표를 하세요.

(1) 플라스틱은 다른 물질에 비해 (다양한 / 정해진) 색깔과 모양의 물체를 만들기가 쉽다.
(2) 금속 컵, 플라스틱 컵, 유리컵 등 종류가 같은 물체라도 그 물체를 이루고 있는 물질에 따라
　　좋은 점이 서로 (같다 / 다르다).

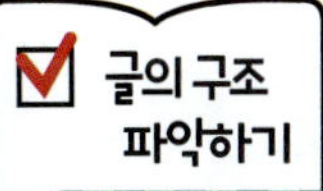 **글의 구조 파악하기**　**글을 읽고 내용을 정리한 표입니다. 빈칸에 알맞은 말을 보기에서 골라 써넣으세요.**

보기　광택　나무　유리　재료

물질	물질의 뜻	물체를 만드는 (① 　　　　)
	물질의 종류	• 금속: (② 　　　　)이/가 있고 나무보다 단단하며 딱딱하고 무거움. • 플라스틱: 금속보다 가볍고 다양한 모양과 색깔의 물체를 만들기 쉬움. • (③ 　　　　): 금속보다 가볍고 고유한 향과 무늬가 있음. • 고무: 쉽게 구부러지고 잡아당기면 늘어났다가 놓으면 다시 돌아오는 성질이 있으며 잘 미끄러지지 않고 물에 젖지 않음. • (④ 　　　　): 투명하며 다른 물체와 부딪치면 잘 깨짐. • 종이: 잘 찢어지고 접을 수 있으며 물에 잘 젖음. • 가죽: 잘 찢어지지 않고 질김.

'나는'과 '너는'으로 시작하는 말하기

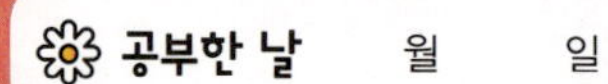

여러분은 다른 사람이 실수나 잘못을 했을 때 어떤 방법으로 이야기를 하나요? 다른 사람과 대화하는 방법에는 두 종류가 있습니다. 첫째, '나는'으로 시작하는 말하기는 말하는 사람이 자신의 생각이나 ❶감정을 솔직하게 표현하는 방식입니다. 둘째, '너는'으로 시작하는 말하기는 듣는 사람의 말이나 행동에 초점을 맞추어 표현하는 방식입니다. 이러한 방식의 말하기는 상대가 실수나 잘못을 했을 때 ❷비난하거나 따지는 표현으로 들릴 수 있습니다.

예를 들어, 친구가 자신과 만나기로 약속한 시간보다 늦게 나타난 상황에서 ㉠'너는 왜 맨날 늦게 오니? 너는 늦으면 늦는다고 연락도 못 하니? 너는 항상 네 생각만 하는구나.'라고 말하면, '너는'으로 시작하는 말하기를 한 겁니다. 똑같은 상황에서 '나는'으로 시작하는 말하기를 하려면 어떻게 해야 할까요? 먼저 듣는 사람이 한 말이나 행동을 사실 그대로 이야기해 줍니다. 그런 다음에 그 사실 때문에 내가 어떤 감정을 느꼈고 어떤 생각을 했는지를 표현합니다. 마지막으로, 듣는 사람이 앞으로 고쳐 주었으면 좋겠다고 바라는 것을 말합니다. 그러면 약속 시간에 늦은 친구에게 '나는'으로 시작하는 말하기로 다시 이야기해 볼까요? '약속한 시간보다 20분이 늦었구나.'라고 ㉡   을/를 말하고, '나는 연락이 안 되어서 너한테 무슨 일이 있는 건 아닌지 걱정했어.'라고 자신의 ㉢   을/를 말한 뒤에, '앞으로는 약속 시간을 지켜 주면 좋겠어. 만약 어쩔 수 없이 늦으면 연락이라도 해 줄 수 있지?'라고 자신의 ❸바람을 이야기합니다.

이렇게 '나는'으로 시작하는 말하기를 하면 듣는 사람의 기분이 나쁘지 않게 자신이 하고 싶은 말을 전달할 수 있습니다. 듣는 사람의 기분도 헤아려 주면서 말하는 사람이 바라는 점을 이야기할 수 있지요. 그러면 친구들과 행복한 대화를 나눌 수 있습니다. 사소한 일로 다투지 않고 서로를 ❹존중하고 ❺배려하면서 계속 좋은 친구로 지낼 수 있습니다. 또한 친구 사이에 문제가 생겼을 때에도 ❻지혜롭게 해결할 수 있습니다.

⭐ 어휘 풀이

❶ **감정**: 일이나 대상에 대하여 마음에 일어나는 느낌이나 기분.
❷ **비난하거나**: 다른 사람의 잘못이나 결점에 대하여 나쁘게 말하거나.
❸ **바람**: 어떤 일이 생각한 대로 이루어지기를 원하는 마음.
❹ **존중하고**: 의견이나 사람을 높이어 귀중하게 여기고.
❺ **배려하면서**: 관심을 가지고 보살펴 주거나 도와주면서.
❻ **지혜롭게**: 사물의 이치를 빨리 깨닫고 옳고 그름을 잘 이해하여 처리하는 능력이 있게.

중심 내용

1 이 글의 중심 내용으로 가장 알맞은 것을 고르세요. (   )

241021-0078

① '나는'으로 시작하는 말하기의 문제점
② '나는'으로 시작하는 말하기의 중요성
③ '너는'으로 시작하는 말하기의 중요성
④ '너는'으로 시작하는 말하기의 좋은 점
⑤ '나는'과 '너는'으로 시작하는 말하기의 공통점

내용 이해

2 '나는'으로 시작하는 말하기를 할 때의 순서대로 기호를 쓰세요.

241021-0079

> ㉮ 듣는 사람이 한 말이나 행동을 사실 그대로 이야기한다.
> ㉯ 말하는 사람이 듣는 사람에게 바라는 점이 무엇인지 말한다.
> ㉰ 말하는 사람이 느낀 감정이나 생각한 것을 듣는 사람에게 표현한다.

(   ) → (   ) → (   )

내용 이해

3 '너는'으로 시작하는 말하기의 특성으로 알맞은 것에 ○표를 하세요.

241021-0080

(1) 다른 사람의 마음을 헤아리고 존중한다. (   )
(2) 다른 사람에게 자신의 감정을 솔직하게 표현한다. (   )
(3) 다른 사람의 실수나 잘못을 비난하는 것처럼 보일 수 있다. (   )

비교

4 다음은 '나는'과 '너는'으로 시작하는 말하기를 비교한 내용입니다. 빈칸에 들어갈 알맞은 말을 각각 쓰세요.

241021-0081

> (1) '(   )'으로 시작하는 말하기는 친구들 간의 다툼을 예방할 수 있고, (2) '(   )'으로 시작하는 말하기는 친구들 간의 다툼을 일으킬 수 있다.

내용 요약

5

241021-0082

'나는'으로 시작하는 말하기의 좋은 점을 한 가지만 간추려 쓰세요.

____

____

추론

6

241021-0083

㉠을 들은 사람은 어떤 마음이 들었을지 짐작한 내용으로 알맞은 것을 고르세요. (　　　　)

① '나를 나무라는 것 같아서 기분이 나빠.'
② '나한테 거짓말을 하고 있어서 화가 나.'
③ '내 입장을 생각해 주려고 노력하고 있어서 고마워.'
④ '나를 위해 문제를 해결하려고 노력하는 모습이 기특해.'
⑤ '내가 하지도 않은 행동을 했다고 오해하고 있어서 억울해.'

추론

7

241021-0084

㉡과 ㉢에 들어갈 알맞은 말을 글에서 찾아 쓰세요.

(1) ㉡: (　　　　　　　)　　　　　　　　(2) ㉢: (　　　　　　　)

적용

8

241021-0085

다음은 '너는'으로 시작하는 말하기를 '나는'으로 시작하는 말하기로 고친 것입니다. 빈칸에 들어갈 알맞은 내용을 쓰세요.

복도를 걸어가다가 뛰어오는 친구와 부딪힌 상황

"너는 복도에서 빨리 뛰어다니면 어떡하니? 너는 선생님께서 말씀하신 것도 못 들었니? 너는 복도 예절도 지킬 줄 모르고 조심성이 없구나."

➡

"네가 복도에서 뛰어다니는 바람에 나와 어깨가 부딪혔어. 나는 깜짝 놀랐고 어깨가 무척 아파.

____

____ "

어휘 문제

1

241021-0086

낱말과 그 낱말의 뜻을 알맞게 선으로 이으세요.

(1) 감정 •

(2) 바람 •

• ① 어떤 일이 생각한 대로 이루어지기를 원하는 마음.

• ② 일이나 대상에 대하여 마음에 일어나는 느낌이나 기분.

2

241021-0087

다음 문장의 빈칸에 들어갈 말을 **보기**에서 골라 써넣으세요.

보기 배려 존중

(1) 학급 회의를 할 때에는 다양한 생각이나 의견을 (   )하며 말해야 한다.
(2) 선생님과 친구들이 다리를 다친 나를 (   )해 주어 학교에 잘 다닐 수 있었다.

3

241021-0088

다음 뜻을 가진 낱말로 알맞은 것에 ◯표를 하세요.

다른 사람의 잘못이나 결점에 대하여 나쁘게 말하다.

(1) 비난하다 (   )   (2) 반대하다 (   )

 **글의 구조 파악하기**

글을 읽고 내용을 정리한 표입니다. 빈칸에 알맞은 말을 **보기**에서 골라 써넣으세요.

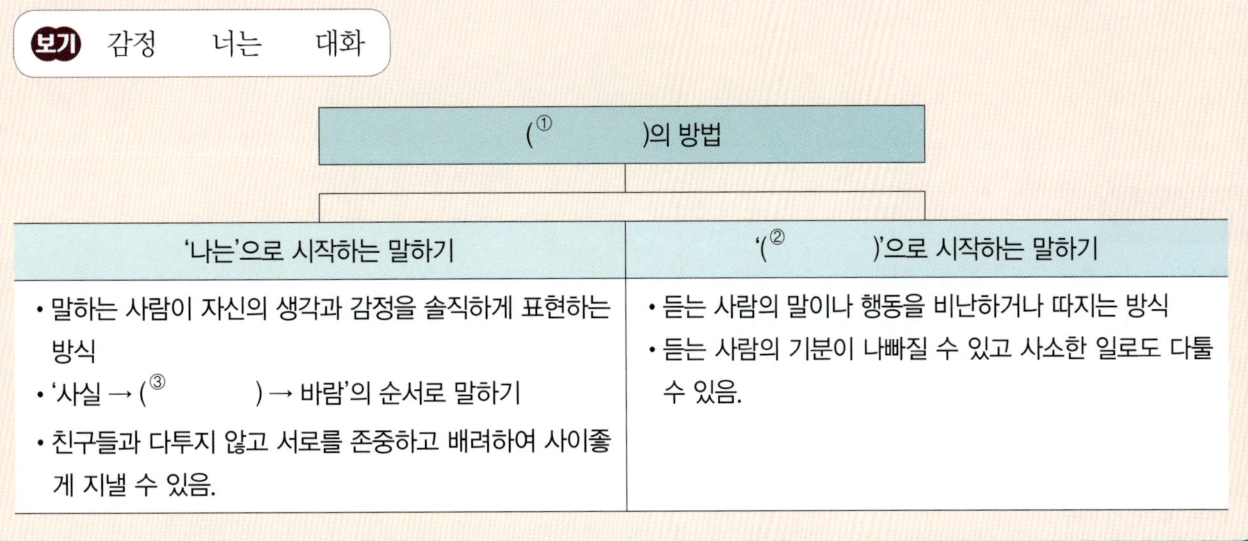

보기 감정   너는   대화

(①)의 방법	
'나는'으로 시작하는 말하기	'(②)'으로 시작하는 말하기
• 말하는 사람이 자신의 생각과 감정을 솔직하게 표현하는 방식 • '사실 → (③) → 바람'의 순서로 말하기 • 친구들과 다투지 않고 서로를 존중하고 배려하여 사이좋게 지낼 수 있음.	• 듣는 사람의 말이나 행동을 비난하거나 따지는 방식 • 듣는 사람의 기분이 나빠질 수 있고 사소한 일로도 다툴 수 있음.

세금에 대해 알아보아요

세금이란 정부가 나라 ❶살림을 꾸려 갈 수 있도록 국민이 법에 따라 내는 돈을 말합니다. 정부는 세금으로 다양한 일을 합니다. 학교나 도서관 같은 ❷공공시설을 짓고, 모든 국민이 교육을 받을 수 있도록 지원합니다. 또한, 다른 나라의 ❸침략이나 각종 ❹범죄와 ❺재난으로부터 국민을 보호하며, 생활 형편이 어려운 이웃들도 도와줍니다. 이렇게 세금이 있기 때문에 여러분이 안심하고 학교를 다니며 편하게 지낼 수 있는 것이지요.

그러면 누가 세금을 낼까요? 우리나라 헌법에서는 "모든 국민은 법률이 정하는 바에 의하여 납세의 의무를 진다."라고 정해 놓았습니다. 납세란 ⬚ ㉠ ⬚ 을/를 말합니다. 모든 국민은 세금을 내야 할 의무가 있다는 말이지요.

여러분도 '부가 가치세'라는 세금을 내고 있습니다. 부가 가치세는 여러분이 사는 물건값 속에 포함되어 있는 세금을 말합니다. 우리가 사서 쓰는 대부분의 물건값에는 이 '부가 가치세'가 포함되어 있습니다. 물건을 파는 사람은 우리가 물건을 살 때 내는 부가 가치세를 국가에 내는 것입니다. ㉡여러분이 음료수나 과자 같은 물건을 1,100원에 샀다고 하면, 그중 100원은 부가 가치세에 해당하지요. 만약에 1,100원짜리 물건을 2개 샀다고 하면, 여러분이 계산한 돈인 2,200원 가운데에 부가 가치세는 200원이 됩니다.

또한 여러분의 부모님은 '소득세'라는 이름의 세금을 냅니다. 소득이란 부모님이 사업이나 직장 생활을 하고 벌어들인 돈에서 그 돈을 벌기 위해 들어간 ❻비용을 뺀 ❼금액을 말합니다. 부모님이 빵 가게를 운영하신다면, 빵을 만들 재료를 사고, 가게의 직원에게 월급을 주고, 가게의 전기 요금을 낼 때 비용이 발생합니다. 이렇게 빵을 판매하기 위해 들어간 비용을, 실제로 빵을 팔아 손님들에게 받은 금액에서 뺀 나머지가 소득입니다. 소득의 크기에 따라 법에서 정한 금액을 나라에 내는데, 이 세금을 소득세라고 합니다.

부가 가치세와 소득세 외에도 국민이 내는 세금은 다양합니다. 이런 세금은 국민들을 위해 사용되고, 나라를 지금보다 더 살기 좋게 만들어 가는 데 중요한 역할을 합니다.

⭐ **어휘 풀이**

❶ **살림**: 가정 혹은 국가의 경제적 형편.
❷ **공공시설**: 도로, 병원, 공원 등 국가나 공공 단체가 여러 사람의 편의나 복지를 위하여 설치한 시설.
❸ **침략**: 정당한 이유 없이 남의 나라에 쳐들어감.
❹ **범죄**: 법을 어기고 죄를 저지르는 것.
❺ **재난**: 뜻하지 않게 일어난 불행한 사고나 고난.
❻ **비용**: 어떤 일을 하는 데 드는 돈.
❼ **금액**: 돈의 액수.

핵심어

1

다음에서 설명하는 낱말을 글에서 찾아 쓰세요.

241021-0089

> • 정부가 나라 살림을 하는 데 필요한 돈이다.
> • 모든 국민이 법에 따라 내야 할 의무가 있는 돈이다.

(   )

내용 이해

2

이 글을 읽고 알 수 있는 내용에 모두 ○표를 하세요.

241021-0090

(1) 세금의 뜻　　　　　　　　　　　　　　　　(   )

(2) 세금을 내는 사람　　　　　　　　　　　　　(   )

(3) 세금을 내지 않을 때 받는 처벌　　　　　　　(   )

(4) 세금을 내지 않는 사람을 조사하는 기관　　(   )

내용 이해

3

나라에서 세금으로 하는 일로 알맞지 <u>않은</u> 것을 고르세요. (   )

241021-0091

① 학교나 도서관 같은 공공시설을 짓는다.

② 생활 형편이 어려운 이웃들을 도와준다.

③ 국민이 교육을 받을 수 있도록 지원한다.

④ 모든 국민이 살아갈 수 있는 집을 제공한다.

⑤ 다른 나라의 침략으로부터 국민을 보호한다.

구분

4

다음에서 설명하는 세금의 종류를 글에서 찾아 쓰세요.

241021-0092

(1) 우리가 사서 쓰는 대부분의 물건값 속에 포함되어 있다.　(   )

(2) 사업이나 직장 생활을 해서 돈을 버는 사람이 국가에 낸다.　(   )

추론

5 ㉠에 들어갈 알맞은 말을 짐작하여 쓰세요.

241021-0093

( )

적용

6 ㉡을 참고할 때, 다음 상황에서 민수가 내는 부가 가치세의 금액으로 알맞은 것을 고르세요. ( )

241021-0094

> 민수는 집 앞에 있는 편의점에 들러서 먹을거리를 샀습니다. 1,100원짜리 아이스크림을 3개 사고, 총 3,300원을 계산했습니다.

① 100원 ② 200원 ③ 300원
④ 400원 ⑤ 500원

추론

7 세금으로 하는 일과 관련된 직업으로 알맞지 <u>않은</u> 것을 고르세요. ( )

241021-0095

① 학교에서 학생들을 교육하는 일을 하는 교사
② 각종 범죄로부터 국민을 보호하는 일을 하는 경찰관
③ 다양한 종류의 김밥을 만들어 파는 일을 하는 김밥 가게 주인
④ 외부의 적으로부터 국민을 안전하게 보호하는 일을 하는 군인
⑤ 화재와 같은 재난으로부터 국민을 지켜 주는 일을 하는 소방관

적용

8 세금에 대해 바르게 이해한 <u>두 친구</u>를 찾아 이름을 쓰세요.

241021-0096

> 선화: 내가 어제 산 연필에도 세금이 포함되어 있으니까 우리도 세금을 내고 있다고 할 수 있어.
> 서윤: 세금은 모든 국민이 내야 할 의무가 있지만, 초등학생인 우리는 아직 어려서 세금을 내지 않아.
> 이지: 우리가 어른이 되어 사업을 하거나 회사에 들어가 돈을 벌면 세금을 내야 하는데, 사람마다 소득이 다르니까 내는 세금의 크기도 다를 거야.

(,)

어휘 문제

1 낱말과 그 낱말의 뜻을 알맞게 선으로 이으세요.

241021-0097

(1) 비용 •　　　　　　　　　　　　• ① 돈의 액수.

(2) 금액 •　　　　　　　　　　　　• ② 어떤 일을 하는 데 드는 돈.

2 다음 문장의 빈칸에 들어갈 말을 **보기**에서 골라 써넣으세요.

241021-0098

> **보기**　재난　　침략

(1) 적의 (　　　　　)에 대비하려면 평소에 국방을 튼튼히 해야 한다.
(2) 화재와 홍수, 감염병과 같은 (　　　　　)을 극복하려면 모든 사람이 힘을 모아야 한다.

3 다음 뜻을 가진 낱말로 알맞은 것에 ○표를 하세요.

241021-0099

> 도로, 병원, 공원 등 국가나 공공 단체가 여러 사람의 편의나 복지를 위하여 설치한 시설.

(1) 보건 시설　(　　　　)　　　　　　　　　(2) 공공시설　(　　　　)

글을 읽고 내용을 정리한 표입니다. 빈칸에 알맞은 말을 **보기**에서 골라 써넣으세요.

> **보기**　법　　쓰임　　물건값　　소득세

세금	세금의 뜻	정부가 나라 살림을 꾸려 갈 수 있도록 국민이 (①　　　　)에 따라 내는 돈.
	세금의 (②　　　)	• 공공시설을 짓고, 국민이 교육을 받도록 지원함. • 침략 및 범죄와 재난으로부터 국민을 보호함. • 생활이 어려운 국민을 도움.
	세금을 내는 사람	모든 국민
	세금의 종류	• 부가 가치세: (③　　　) 속에 포함된 세금. • (④　　　): 소득의 크기에 따라 내는 세금.

걷기 운동, 어떻게 할까요?

'만 보 걷기'에 대해 들어본 적이 있나요? '만 보 걷기'란 날마다 만 걸음씩 걷는 운동을 말합니다. 날마다 꾸준히 만 걸음씩 걸으면 누구나 건강한 몸을 가질 수 있습니다. 운동 부족으로 몸이 ❶허약하거나 살이 쪄서 고민인 친구가 있다면 오늘부터 걷기를 실천해 보세요. 등굣길이나 하굣길에 혼자서 또는 친구들과 걸어도 좋고, 가족과 함께 동네 공원이나 산책로를 걸어도 좋습니다. 그렇다면 어떻게 걷는 것이 좋을까요?

첫째, 올바른 자세로 걸어야 합니다. 걸을 때에는 고개를 숙이지 말고 몸을 바로 세우고 어깨와 가슴을 폅니다. 손으로는 달걀을 쥐고 있는 것처럼 가볍게 주먹을 쥐고, 팔은 자연스럽게 앞뒤로 흔들면서 걷습니다. 땅에 발을 딛는 순서도 중요합니다. 발뒤꿈치가 먼저 닿고 그다음 발바닥 전체가 닿은 뒤, 마지막으로 발의 앞 끝이 들리는 순서로 걸어야 합니다. 다리는 11자 모양이 되게 하고 무릎 사이가 스치는 듯한 느낌으로 걷습니다.

둘째, 걷기가 운동이 되려면 평소에 비해 조금 빨리 걷는 것이 좋습니다. 하지만 빨리 걷기 위해 ❷무리하게 팔을 흔들거나 다리를 지나치게 벌리는 것은 좋지 않습니다. 평소 자세를 유지하되 속도를 조금 높여서 걷습니다. 그리고 ❸호흡에 주의해야 하는데, 숨을 쉴 때에는 코로 숨을 깊게 들이마시고 입으로 내뱉습니다.

셋째, 걷기 운동은 시간을 정해 놓고 ❹규칙적으로 하는 것이 좋습니다. 걷기 운동을 처음 해 보는 사람은 일주일에 세 번, 30분 이상 걷기부터 시작해서, 그것이 익숙해지면 일주일에 다섯 번, 한 시간 이상으로 늘리면 좋습니다. 보통 속도로 걸었을 때 한 시간에 만 걸음을 걸을 수 있도록 노력해 보세요. 걷기 운동은 다른 운동에 비해 그 ❺효과가 천천히 나타나기 때문에 중간에 멈추지 말고 ❻지속적으로 하는 것이 중요합니다. 최소한 두 달 정도는 걸어야 운동 효과가 나타납니다.

올바른 자세와 방법을 익혔으면 걷기 운동을 실천해 보세요. 걷기 운동을 하는 것이 힘들게 느껴진다면 천천히 걷고, 걷는 것이 편해지면 조금 빨리, 더 자주 걸으세요. 자신에게 맞는 ❼강도로 꾸준히 걷다 보면, 어느새 여러분의 몸과 마음이 모두 건강해질 것입니다.

✨ 어휘 풀이

❶ **허약하거나**: 힘이나 기운이 없고 약하거나.
❷ **무리하게**: 정도가 지나쳐서 적당한 범위에서 벗어나게.
❸ **호흡**: 숨을 쉼. 또는 그 숨.
❹ **규칙적**: 일정한 질서가 있거나 규칙을 따르는 것.
❺ **효과**: 어떠한 것을 하여 얻어지는 좋은 결과.
❻ **지속적**: 어떤 일이나 상태가 오래 계속되는 것.
❼ **강도**: 세기가 강한 정도.

핵심어

1
241021-0100

이 글의 중심 내용은 무엇인지 빈칸에 들어갈 알맞은 말을 글에서 찾아 쓰세요.

☐ 운동의 자세와 방법

(   )

내용 이해

2
241021-0101

걷기 운동을 할 때의 바른 자세로 알맞은 것을 고르세요. (   )

① 어깨와 가슴을 펴 준다.
② 팔은 양쪽 옆구리에 딱 붙인다.
③ 고개를 숙이고 자신의 발을 쳐다본다.
④ 손으로는 땀이 날 정도로 주먹을 힘껏 쥔다.
⑤ 무릎 사이에 공간이 생기도록 최대한 벌린다.

내용 이해

3
241021-0102

걷기 운동을 할 때 땅에 발을 딛는 순서대로 기호를 쓰세요.

㉮ 발뒤꿈치   ㉯ 발의 앞 끝   ㉰ 발바닥 전체

(   ) → (   ) → (   )

추론

4
241021-0103

걷기 운동이 필요한 상황으로 알맞은 것에 <u>모두</u> ○표를 하세요.

(1) 최근에 살이 많이 쪄서 고민이다.   (   )
(2) 먼 거리를 걸어서 등하교를 하느라 피곤하다.   (   )
(3) 평소 움직이는 것을 좋아하지 않아 몸이 허약해졌다.   (   )
(4) 날마다 방과 후 동아리 활동으로 축구를 하느라 힘들다.   (   )

적용

5 다음 선생님의 질문에 알맞게 답한 친구의 이름을 쓰세요.

241021-0104

> 선생님: 걷기가 운동이 되려면 어떻게 걸어야 할까요?
> 정혜: 평소 걷는 것보다 속도를 높여서 조금 빨리 걸어요.
> 나연: 평소 걸을 때보다 팔을 앞뒤로 세게 흔들면서 걸어요.
> 도현: 평소에 비해 다리를 더 많이 벌려서 성큼성큼 걸어요.

(   )

내용 이해

6 걷기 운동을 할 때 주의할 점은 무엇인지 빈칸에 들어갈 알맞은 말을 글에서 각각 찾아 쓰세요.

241021-0105

> 걷기 운동은 시간을 정해 놓고 그 시간에 맞춰 (1)(   )으로 해야 하고, 중간에 멈추지 말고 운동 효과가 나타날 때까지 (2)(   )으로 해야 한다.

내용 이해

7 걷기 운동의 효과가 나타나는 데 걸리는 시간으로 알맞은 것을 고르세요. (   )

241021-0106

① 하루   ② 일주일   ③ 보름

④ 한 달   ⑤ 두 달

적용

8 주희는 방학 때 처음으로 걷기 운동을 해 보려고 합니다. 빈칸에 들어갈 알맞은 숫자를 각각 쓰세요.

241021-0107

> **주희의 방학 계획표**
>
> • 잠자는 시간: 밤 10시에 자고 아침 7시에 일어나기
> • 책 읽기: 하루에 30분 읽기
> • 걷기 운동: 일주일에 (1)(   )번, (2)(   )분 이상 걷기

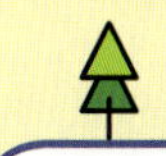

어휘 문제

1

241021-0108

낱말과 그 낱말의 뜻을 알맞게 선으로 이으세요.

(1) 규칙적 •

(2) 지속적 •

• ① 어떤 일이나 상태가 오래 계속되는 것.

• ② 일정한 질서가 있거나 규칙을 따르는 것.

2

241021-0109

다음 문장의 빈칸에 들어갈 말을 **보기**에서 골라 써넣으세요.

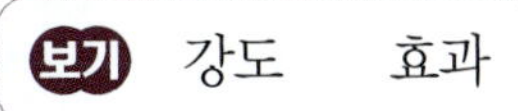

보기 강도   효과

(1) 감기에 걸려 약을 먹었는데도 (   )가 나타나지 않아 병원에 다시 갔다.
(2) 훈련의 (   )가 점점 높아지자 훈련을 포기하는 선수들이 나타나기 시작했다.

3

241021-0110

다음 문장에 알맞은 말을 골라 ○표를 하세요.

(1) 소녀는 몸이 (허약하여 / 튼튼하여) 자주 병에 걸리곤 했다.
(2) 계획을 (무리하게 / 적절하게) 세우면 그 계획을 지키기가 어려워진다.

☑ **글의 구조 파악하기** 글을 읽고 내용을 정리한 표입니다. 빈칸에 알맞은 말을 **보기**에서 골라 써넣으세요.

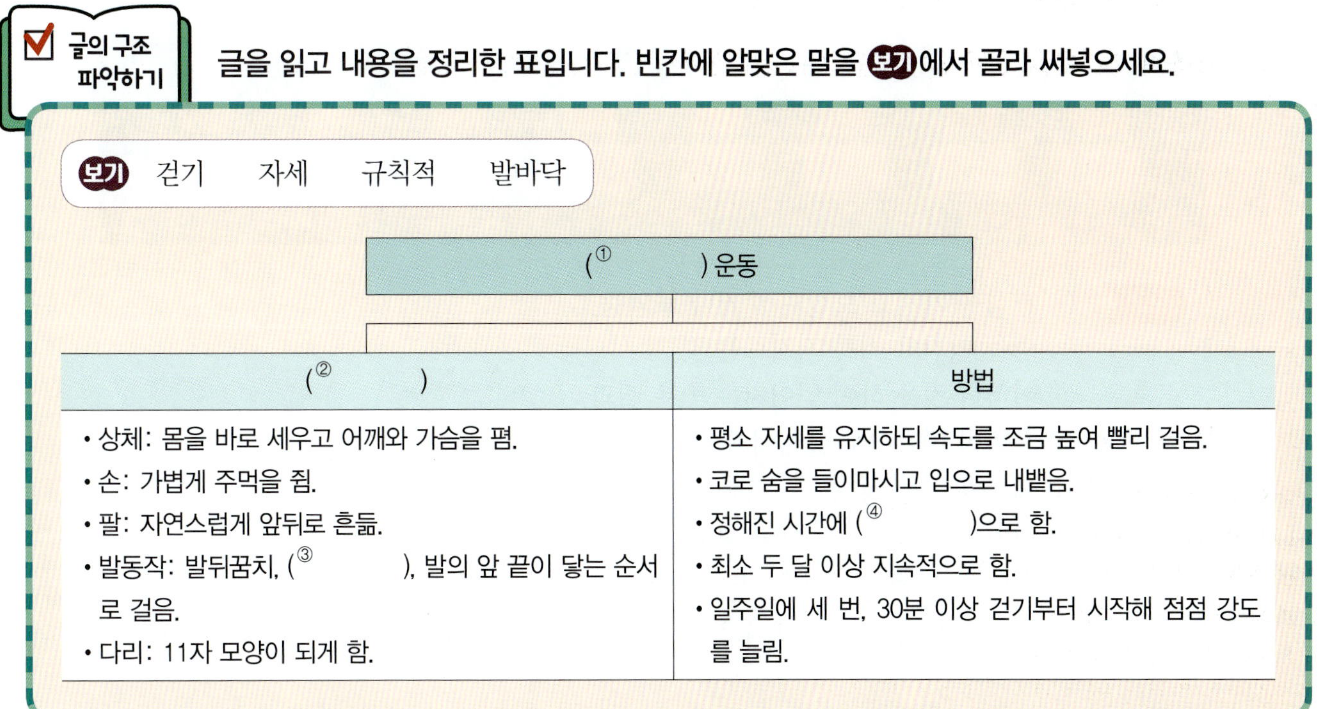

보기 걷기   자세   규칙적   발바닥

(①   ) 운동

(②)	방법
• 상체: 몸을 바로 세우고 어깨와 가슴을 폄. • 손: 가볍게 주먹을 쥠. • 팔: 자연스럽게 앞뒤로 흔듦. • 발동작: 발뒤꿈치, (③), 발의 앞 끝이 닿는 순서로 걸음. • 다리: 11자 모양이 되게 함.	• 평소 자세를 유지하되 속도를 조금 높여 빨리 걸음. • 코로 숨을 들이마시고 입으로 내뱉음. • 정해진 시간에 (④)으로 함. • 최소 두 달 이상 지속적으로 함. • 일주일에 세 번, 30분 이상 걷기부터 시작해 점점 강도를 늘림.

✺ 공부한 낱말들의 뜻을 떠올려 보면서 사다리 타기를 하고, 빈칸에 들어갈 낱말의 뜻을 **보기** 에서 골라 번호를 쓰세요.

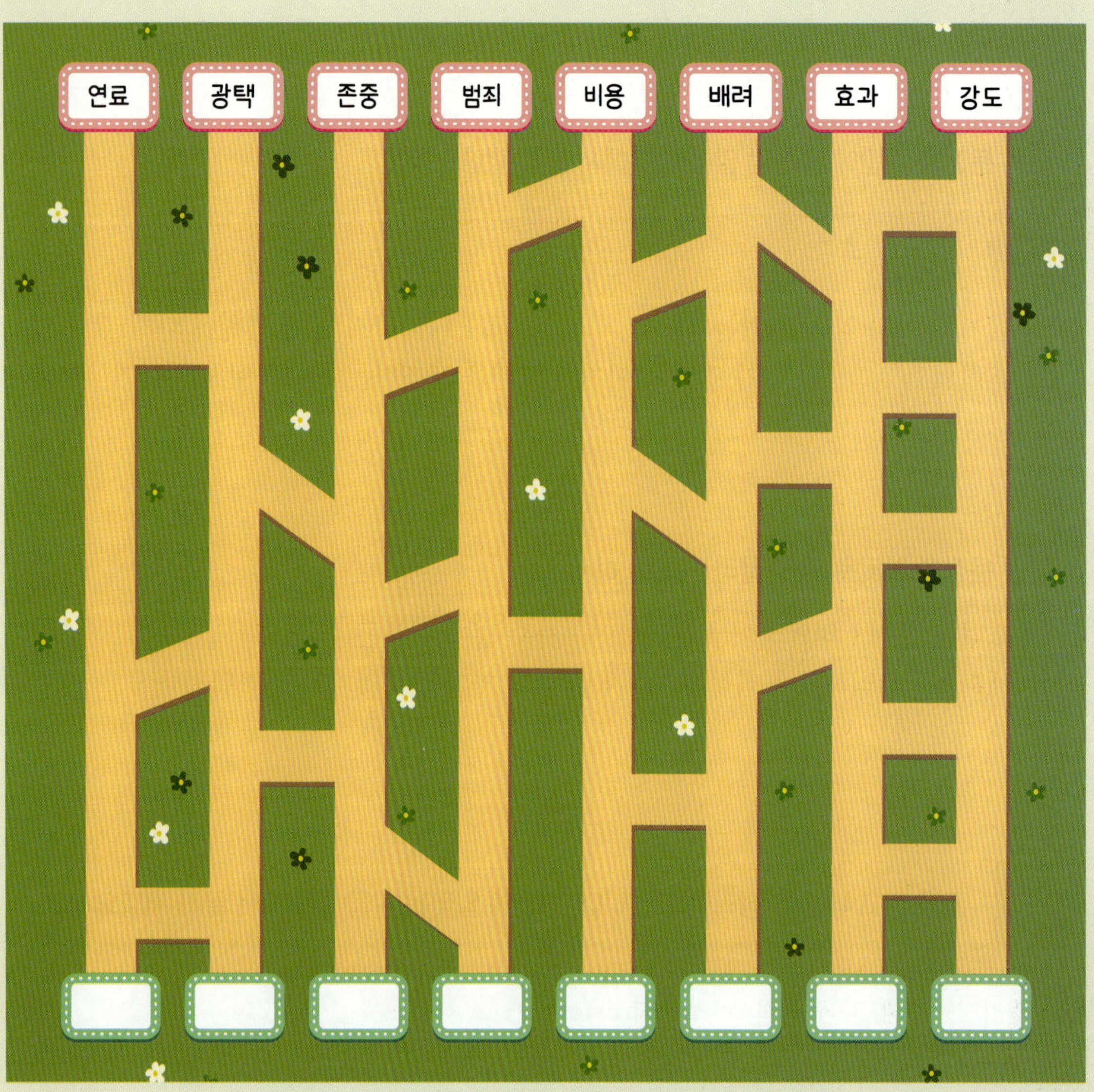

보기
① 관심을 가지고 보살펴 주거나 도와줌.
② 법을 어기고 죄를 저지르는 것.
③ 어떠한 것을 하여 얻어지는 좋은 결과.
④ 표면이 매끄러운 물체에서 반사되는 반짝이는 빛.
⑤ 세기가 강한 정도.
⑥ 의견이나 사람을 높이어 귀중하게 여김.
⑦ 어떤 일을 하는 데 드는 돈.
⑧ 태워서 빛이나 열을 내거나 기계를 움직이는 에너지를 얻을 수 있는 물질.

주제	학습 내용	학습 완료일
1일 미술	**판화의 세계** 판화의 종류와 특징을 알려 주는 글입니다.	월 일 맞은 문제 수 ◯개/11개 확인 ☐
2일 도덕	**살아가는 모습이 다양해요** 현대의 여러 가지 가족 형태에 대해 소개하는 글입니다.	월 일 맞은 문제 수 ◯개/11개 확인 ☐
3일 과학	**고체, 액체 그리고 기체** 고체, 액체, 기체의 성질을 비교하는 글입니다.	월 일 맞은 문제 수 ◯개/11개 확인 ☐
4일 국어	**도서관에서 책을 찾아요** 도서관에서 책을 찾는 방법에 대해 설명하는 글입니다.	월 일 맞은 문제 수 ◯개/11개 확인 ☐
5일 체육	**공공 자전거를 타고 달려요** 공공 자전거에 대해 소개하는 글입니다.	월 일 맞은 문제 수 ◯개/11개 확인 ☐

판화의 세계

　판화는 판을 이용해서 찍어내는 그림입니다. 판화는 여러 종류가 있는데, 판의 형태에 따라 네 가지로 구분합니다. 첫 번째로 볼록 판화가 있습니다. 볼록 판화는 잉크를 판의 볼록한 부분에 묻혀서 찍어내는 그림입니다. 잉크를 묻혀 찍어낼 부분을 남겨 두고 판을 파내어 그림을 새깁니다. 사용하는 칼의 종류와, 새긴 자국에 따라 표현 효과가 달라집니다. 판에 잉크를 묻혀 찍어낸 그림은 판에 새긴 그림과 거울에 비친 것처럼 ❶좌우가 바뀌게 됩니다.

　두 번째는 오목 판화입니다. 오목 판화는 볼록 판화와 반대로 오목하게 파인 부분에 잉크를 밀어 넣고, 강한 ❷압력을 가해 잉크를 묻혀 찍어내는 그림입니다. 먼저 그림을 새긴 판에 전체적으로 잉크를 바릅니다. 그리고 파지 않은 볼록한 부분에 묻은 잉크를 닦아냅니다. 긁어낸 곳에 잉크를 채우는 방법으로 찍어내기 때문에 ❸섬세한 표현이 가능합니다. 많이 긁어낸 곳에는 잉크가 많이 채워지고, 적게 긁어낸 곳에는 잉크가 많이 묻지 않아 밝고 어두운 정도도 나타낼 수 있습니다.

　세 번째로는 평판화가 있습니다. 평판화는 물과 기름이 ❹반발하는 원리를 이용하여 만드는 그림입니다. 돌이나 알루미늄, 아연판 같은 평평한 판에 기름 ❺성분을 가진 크레파스나 물감을 이용하여 그림을 그립니다. 그 위에 물을 묻히면 ㉠기름과 물이 섞이지 않기 때문에 그림을 제외한 부분에만 물이 묻게 됩니다. 기름 성분을 가진 잉크를 롤러에 묻혀 물을 묻힌 판에 바르면 물이 묻은 부분에는 잉크가 묻지 않고, 그림 부분에만 잉크가 묻게 됩니다. 이것을 종이에 찍어내는 것이 평판화입니다.

　마지막으로 공판화가 있습니다. 공판화는 판에 구멍을 뚫고 그 구멍으로 잉크나 물감을 넣어 찍어내는 그림입니다. ㉡다른 판화들과는 다르게 찍었을 때 그림의 좌우가 바뀌지 않는 특징이 있습니다. 공판화를 이용하면 종이뿐만 아니라 천, 나무, 유리, 쇠붙이 등 다양한 재료에 찍어서 나타낼 수 있습니다. 그래서 광고나 포스터 제작과 같은 ❻상업 분야에서도 널리 사용되고 있습니다.

✨ 어휘 풀이

❶ **좌우**: 왼쪽과 오른쪽.
❷ **압력**: 누르는 힘.
❸ **섬세한**: 매우 세밀하고 정확한.
❹ **반발하는**: 어떤 상태나 행동 등에 대하여 반대하는.
❺ **성분**: 화합물이나 혼합물을 구성하는 각각의 원소나 물질.
❻ **상업**: 이익을 얻기 위한 목적으로 상품을 사고파는 경제 활동.

핵심어

1 판을 이용하여 찍어내는 그림을 무엇이라고 하는지 글에서 찾아 쓰세요.
241021-0111

(   )

내용 이해

2 판화의 종류에 알맞은 설명을 찾아 선으로 이으세요.
241021-0112

(1) 볼록 판화 •　　　　　• ① 판에 구멍을 뚫어 잉크를 넣어 찍어내는 그림

(2) 오목 판화 •　　　　　• ② 물과 기름이 섞이지 않는 원리를 이용한 그림

(3) 평판화 •　　　　　• ③ 판의 오목한 부분에 잉크를 묻혀 찍어내는 그림

(4) 공판화 •　　　　　• ④ 판의 볼록한 부분에 잉크를 묻혀 찍어내는 그림

적용

3 다음 그림과 설명을 읽고, 알맞은 판화는 무엇인지 ◯표를 하세요.
241021-0113

(1) 볼록 판화 (   )　　　　　　(2) 오목 판화 (   )

어휘

4 ㉠을 다음과 같이 바꾸어 쓸 때 빈칸에 들어갈 낱말로 알맞은 것을 고르세요. (   )
241021-0114

기름과 물이 [   ] 때문에

① 섬세하기　　　　　② 반발하기　　　　　③ 제외하기

④ 찍어내기　　　　　⑤ 닦아내기

추론

5 
241021-0115

ⓛ을 통해 알 수 있는 것을 고르세요. (   )

① 공판화는 그림의 좌우가 바뀌어 찍힌다.

② 판화를 찍어내면 그림의 좌우가 바뀌지 않는다.

③ 모든 판화는 그림을 찍었을 때 좌우가 바뀌어 찍힌다.

④ 볼록 판화, 오목 판화, 평판화는 그림의 좌우가 바뀌어 찍힌다.

⑤ 볼록 판화, 오목 판화, 평판화, 공판화는 그림이 그대로 찍힌다.

적용

6
241021-0116

다음을 읽고, '나'는 어떤 판화를 이용하여 티셔츠를 만들려고 하는지 쓰세요.

(   )

추론

7
241021-0117

이 글의 내용을 통해 알 수 <u>없는</u> 것은 무엇인지 고르세요. (   )

① 판화를 만들 때 사용되는 판은 여러 가지 종류가 있다.

② 공판화 기법을 이용하여 유리창에 그림을 찍어낼 수 있다.

③ 평판화에서는 그림을 그린 부분을 제외하고 잉크가 묻게 된다.

④ 볼록 판화는 판을 파내지 않은 부분에 잉크를 묻혀 그림을 찍어낸다.

⑤ 오목 판화에서는 많이 긁어낸 곳이 적게 긁어낸 곳보다 더 어둡게 나타난다.

내용 이해

8 
241021-0118

이 글의 내용을 다음과 같이 정리할 때, 알맞은 말에 ◯표를 하세요.

> 판을 이용하여 찍어내는 그림은 판의 (형태 / 재료)에 따라 볼록 판화, 오목 판화, 평판화, 공판화로 나눌 수 있습니다.

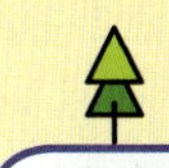

어휘 문제

1

241021-0119

낱말과 그 낱말의 뜻을 알맞게 선으로 이으세요.

(1) 섬세한 •

(2) 반발하는 •

• ① 매우 세밀하고 정확한.

• ② 어떤 상태나 행동 등에 대하여 반대하는.

2

241021-0120

다음 문장의 빈칸에 들어갈 말을 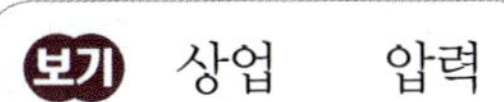 보기 에서 골라 써넣으세요.

보기 상업　　압력

(1) 공판화는 광고와 같은 (　　　　) 분야에서도 활용된다.
(2) 오목 판화는 파인 부분에 잉크를 밀어 넣고, 강한 (　　　　)을 가해 종이에 찍어낸다.

3

241021-0121

다음 뜻을 가진 낱말로 알맞은 것에 ○표를 하세요.

> 화합물이나 혼합물을 구성하는 각각의 원소나 물질.

(1) 재료 (　　　) 　　　　　　　(2) 성분 (　　　)

☑ 글의 구조 파악하기

글을 읽고 내용을 정리한 표입니다. 빈칸에 알맞은 말을 보기 에서 골라 써넣으세요.

보기 반발　　압력　　종류

판화의 (① 　　　)	
볼록 판화	판의 볼록한 부분에 잉크를 묻혀 찍어내는 그림
오목 판화	판의 오목한 부분에 잉크를 밀어 넣고 (② 　　　)을/를 가해 찍어내는 그림
평판화	물과 기름이 (③ 　　　)하는 원리를 이용해 찍어내는 그림
공판화	판에 구멍을 뚫고 그 구멍으로 잉크를 넣어 찍어내는 그림

살아가는 모습이 다양해요

　가족이란 주로 부부를 중심으로 한, **①**친족 관계에 있는 사람들의 집단 또는 그 구성원을 말합니다. 옛날에는 부모가 결혼한 자녀와 함께 사는 확대 가족이 대부분이었는데, 오늘날에는 부모가 결혼하지 않은 자녀와 함께 사는 핵가족이 많습니다.

　식구 수가 **②**상대적으로 적은 핵가족이 많아진 이유는 여러 가지가 있습니다. 옛날에는 농사를 짓기 위해 가족 구성원이 많은 것이 유리했습니다. 그래서 결혼한 자녀도 부모와 함께 사는 경우가 많았습니다. 하지만 오늘날에는 도시에 일자리가 많이 생겨서 **③**취업을 위해 자녀가 부모님이 사는 곳과 다른 지역으로 이사하기도 합니다. 자녀 교육을 위해 이사를 가거나 개인 생활을 위해 이사를 가는 사람들도 있습니다. 옛날과 사회 분위기가 달라지면서, 결혼을 한 다음에 부모님과 함께 살기보다는 따로 **④**독립하는 경우가 많아졌습니다.

　또, 오늘날의 가족은 다양한 형태로 이루어져 있습니다. 조부모와 부모, 자녀로 구성된 전통적인 가족도 여전히 있습니다. 그러나 상황이나 환경에 따라 가족의 구성원은 다양한 경우도 있습니다. 부모와 자녀가 함께 사는 가족, 부모 중 한 명과 자녀가 함께 사는 가족, 두 가족이 하나로 합쳐진 가족, 자녀 없이 부부만 사는 가족, 조부모와 **⑤**손주가 함께 사는 가족, 부모 중 한 명이 외국인인 가족, 아이를 **⑥**입양한 가족 등 다양한 형태의 가족을 볼 수 있습니다.

　가족의 형태나 살아가는 모습이 다양해짐에 따라 구성원의 역할도 달라졌습니다. 남성과 여성의 역할 구분이 사라졌고, 부모가 모두 일하는 경우가 많아졌습니다. 부모는 자녀를 함께 돌보거나, 집안일을 나누어서 맡기도 합니다. 상황에 따라 가족에서의 역할을 바꾸기도 합니다. 이런 변화가 일어난 까닭은 　㉠　들이 옛날에 비해 교육받을 기회가 늘어났으며, 그에 따라 다양한 사회 활동이 많아졌고, 남녀가 평등하다는 의식도 높아졌기 때문입니다.

　이와 같이 오늘날의 가족은 옛날과 생활 방식이 많이 달라졌습니다. 가족을 구성하는 사람들이나 가족의 형태도 다양해졌습니다. 오늘날 우리 사회에는 다양한 가족이 여러 모습으로 함께 살아가고 있습니다. 가족의 **⑦**다양성을 인정하고 존중해야 합니다.

어휘 풀이

① **친족**: 촌수가 가까운 일가.

② **상대적**: 서로 맞서거나 비교되는 관계에 있는 것.

③ **취업**: 일정한 직업을 잡아 직장에 나감.

④ **독립하는**: 다른 것에 예속하거나 의존하지 아니하는 상태로 되는.

⑤ **손주**: 손녀와 손자를 아울러 이르는 말.

⑥ **입양한**: 피가 섞이지 않은 자식을 데려와 법률적으로 친자식과 친부모의 관계를 맺은.

⑦ **다양성**: 모양, 색, 구성 등이 여러 가지 많은 특성.

핵심어

1
241021-0122

다음 뜻을 가진 낱말을 글에서 찾아 쓰세요.

> 주로 부부를 중심으로 한, 친족 관계에 있는 사람들의 집단 또는 그 구성원을 가리키는 말.

(   )

중심 내용

2
241021-0123

이 글의 중심 내용으로 알맞은 것에 ◯표를 하세요.

(1) 오늘날에는 핵가족이 적다.　　　(　　　)
(2) 오늘날에는 다양한 형태의 가족이 있다.　　　(　　　)
(3) 오늘날에는 가족마다 생활 방식이 같다.　　　(　　　)

비교

3
241021-0124

확대 가족과 핵가족의 특징을 **보기**에서 골라 각각 기호를 쓰세요.

> **보기**
> ㉮ 식구가 적은 편이다.　　　　　　㉯ 식구가 많은 편이다.
> ㉰ 옛날에 많이 볼 수 있었던 가족 형태이다.　　㉱ 오늘날에 많이 볼 수 있는 가족 형태이다.

(1) 확대 가족: (　　　,　　　)
(2) 핵가족: (　　　,　　　)

어휘

4
241021-0125

'촌수가 가까운 일가.'를 의미하는 낱말을 글에서 찾아 쓰세요.

(   )

내용 이해

5 오늘날 핵가족이 많아진 이유로 알맞은 것을 <u>두 가지</u> 고르세요. (,   )

241021-0126

① 직장과의 거리가 가깝기 때문이다.

② 개인 생활을 위해 독립하기 때문이다.

③ 자녀를 부모님께서 키워 주시기 때문이다.

④ 농사를 짓기 위해 사람이 많아야 하기 때문이다.

⑤ 자녀 교육으로 다른 지역으로 이사하기 때문이다.

내용 이해

6 오늘날 가족 구성원의 역할에 대한 설명으로 알맞지 <u>않은</u> 것을 고르세요. (   )

241021-0127

① 부모가 함께 자녀를 돌본다.

② 역할을 나누어 집안일을 한다.

③ 한번 정해진 역할을 바꾸지 않는다.

④ 부모가 모두 일하는 경우가 많아졌다.

⑤ 남성과 여성의 역할 구분이 없어졌다.

추론

7 ㉠에 들어갈 알맞은 말을 고르세요. (   )

241021-0128

① 남성   ② 여성   ③ 부모   ④ 자녀   ⑤ 가족

내용 이해

8 오늘날 다양한 가족을 대하는 바른 태도를 글에서 찾아 쓰세요.

241021-0129

어휘 문제

1

241021-0130

낱말과 그 낱말의 뜻을 알맞게 선으로 이으세요.

(1) 독립 ・

(2) 취업 ・

・① 일정한 직업을 잡아 직장에 나감.

・② 다른 것에 예속하거나 의존하지 아니하는 상태.

2

241021-0131

다음 문장의 빈칸에 들어갈 말을 **보기**에서 골라 써넣으세요.

보기 손주   다양성

(1) 세계 각 문화의 (　　　　　)을/를 인정하고 존중해야 한다.
(2) 할아버지, 할머니들은 어린 (　　　　　)들과 함께 시간을 보내는 것을 즐거워한다.

3

241021-0132

다음 뜻을 가진 낱말로 알맞은 것에 ○표를 하세요.

서로 맞서거나 비교되는 관계에 있는 것.

(1) 상대적　(　　　　)　　　　　　　　(2) 절대적　(　　　　)

✓ 글의 구조 파악하기

글을 읽고 내용을 정리한 표입니다. 빈칸에 알맞은 말을 **보기**에서 골라 써넣으세요.

보기 가족   역할   형태   핵가족

오늘날의 다양한 (①　　　　)		
오늘날 (②　　　　)이/가 많아진 이유	취업, 자녀 교육, 개인 생활, 결혼 후 독립	
오늘날 가족의 다양한 (③　　　　)	• 조부모와 부모, 자녀로 구성된 가족 • 부모 중 한 명과 자녀가 함께 사는 가족 • 자녀 없이 부부만 사는 가족 • 부모 중 한 명이 외국인인 가족	• 부모와 자녀가 함께 사는 가족 • 두 가족이 하나로 합쳐진 가족 • 조부모와 손주가 함께 사는 가족 • 아이를 입양한 가족 등
가족 구성원의 (④　　　　) 변화	남성과 여성의 역할 구분이 사라짐.	

　어항 속에는 물고기나 물풀뿐만 아니라 자갈, 물, 공기 방울도 있습니다. 우리 주위에 있는 대부분의 물질은 자갈이나 물, 공기와 같은 ❶상태로 존재합니다. 먼저 자갈은 눈으로 볼 수 있고 손으로 잡을 수 있습니다. 또 자갈은 여러 가지 ❷모양의 그릇에 넣었을 때 그릇의 모양에 ❸관계없이 모양이 변하지 않습니다. 그리고 자갈이 ❹차지하는 공간의 크기인 ❺부피도 변하지 않습니다. 이처럼 담는 그릇이 바뀌어도 모양과 부피가 일정한 물질의 상태를 고체라고 합니다. 고체는 모양과 부피가 변하지 않기 때문에, 입구가 작은 그릇에는 물체를 담을 수 없습니다. 우리 생활 속에서 볼 수 있는 고체는 컵, 의자, 연필, 지우개 등이 있습니다.

　물은 눈으로 볼 수 있지만 흐르는 ❻성질이 있어서 손으로 잡을 수 없습니다. 물을 여러 가지 모양의 그릇에 담으면 그릇의 모양에 따라 물의 모양은 ⓐ, 물의 부피는 ⓑ. 이와 같이 담는 그릇에 따라 담긴 ❼형태가 변하지만, 차지하는 공간의 크기는 그대로인 물질의 상태를 액체라고 합니다. 액체는 담는 그릇에 따라 모양이 변하기 때문에 어떤 모양의 그릇에도 담을 수 있습니다. 우리가 쉽게 볼 수 있는 액체로는 주스, 우유, 사이다 등이 있습니다.

　한편 공기는 자갈이나 물과 달리 우리 눈에 보이지 않으며 손으로 잡을 수 없습니다. 하지만 ⓒ공기는 항상 우리 주변에 있습니다. 그리고 공기는 둥근 모양의 풍선에 넣으면 둥근 모양이 되고, 막대 모양의 풍선에 넣으면 막대 모양이 됩니다. 공기처럼 담는 그릇에 따라 모양과 부피가 변하고, 담긴 그릇을 항상 가득 채우는 물질의 상태를 기체라고 합니다. 대부분의 기체는 눈에 보이지 않고 손으로 잡을 수 없기 때문에 무게가 없다고 느끼기 쉽지만, 기체도 무게를 가지고 있습니다. 바람이 빠진 튜브와 바람을 넣은 튜브의 무게를 비교하면, 바람을 넣은 튜브가 더 무겁습니다.

🌟 **어휘 풀이**

❶ **상태**: 사물이나 현상이 놓여 있는 모양이나 형편.
❷ **모양**: 겉으로 나타나는 생김새나 모습.
❸ **관계없이**: 서로 아무런 관련이 없이.
❹ **차지하는**: 사물이나 공간, 지위 따위를 자기 몫으로 가지는.
❺ **부피**: 넓이와 높이를 가진 물건이 공간에서 차지하는 크기.
❻ **성질**: 사물이나 현상이 가지고 있는 고유의 특징.
❼ **형태**: 사물의 생긴 모양.

1 

[중심 내용]

이 글의 중심 내용으로 알맞은 것을 고르세요. (　　　)

241021-0133

① 고체의 크기　　　　　　② 액체의 색깔

③ 기체의 무게　　　　　　④ 고체의 단단한 정도

⑤ 고체, 액체, 기체의 성질

2 

[비교]

자갈과 물의 특징으로 알맞은 것에 ○표를 하세요.

241021-0134

(1) 자갈은 눈으로 볼 수 있고, 물은 눈으로 볼 수 없다.　　　(　　　)

(2) 자갈은 흐르는 성질이 있고, 물은 흐르는 성질이 없다.　　　(　　　)

(3) 자갈은 손으로 잡을 수 있고, 물은 손으로 잡을 수 없다.　　　(　　　)

3

[내용 이해]

다음 중 고체가 <u>아닌</u> 것을 고르세요. (　　　)

241021-0135

① 컵　　　　② 의자　　　　③ 연필　　　　④ 주스　　　　⑤ 지우개

4

[추론]

다음과 같이 여러 가지 모양의 그릇에 물을 옮겨 담으면서 모양과 부피를 관찰하였습니다. 관찰한 결과를 보고, 물의 모양과 부피는 어떠한지 ㉠과 ㉡에 들어갈 말을 쓰세요.

241021-0136

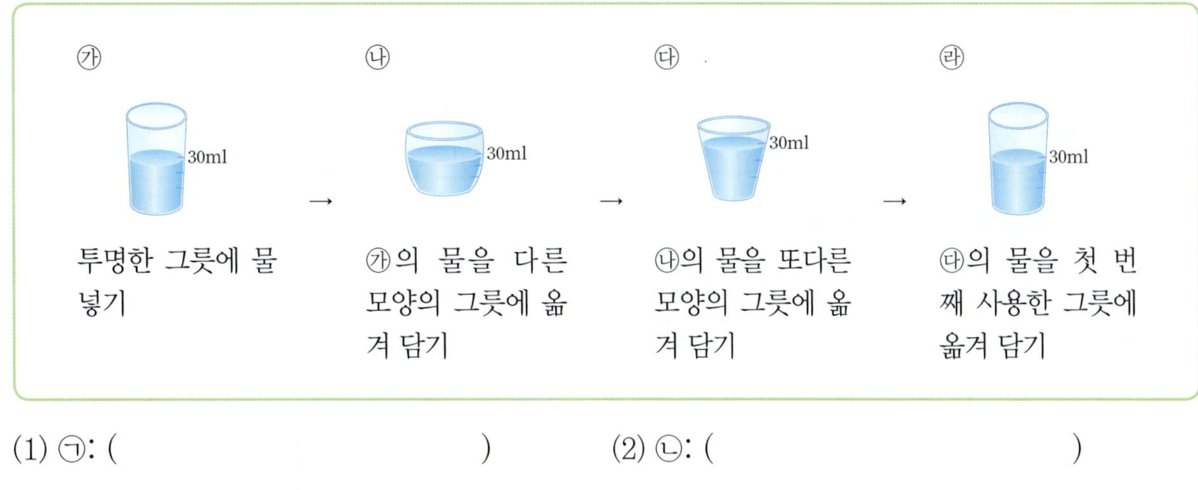

(1) ㉠: (　　　　　　　　　　　)　　　(2) ㉡: (　　　　　　　　　　　)

5 핵심어
241021-0137

그릇에 따라 모양과 부피가 변하고, 담긴 그릇을 항상 가득 채우는 물질의 상태를 가리키는 낱말을 글에서 찾아 쓰세요.

(   )

6 분류
241021-0138

이 글에 나오는 여러 가지 물질을 고체와 액체로 분류한 것입니다. 잘못 분류한 물질을 찾아 쓰세요.

고체	액체
어항, 자갈, 연필	주스, 우유, 공기

(   )

7 추론
241021-0139

ⓒ과 같은 사실을 알 수 있게 해 주는 예로 알맞지 <u>않은</u> 것을 고르세요. (   )

① 물이 얼음이 된다.   ② 깃발이 휘날린다.
③ 머리카락이 날린다.   ④ 바람개비가 돌아간다.
⑤ 나뭇가지가 흔들린다.

8 적용
241021-0140

오른쪽과 같이 풍선의 모양이 다양한 까닭과 관계 있는 공기의 성질을 찾아 ○표를 하세요.

(1) 공기는 담는 그릇에 따라 모양이 변한다.   (   )
(2) 공기는 담는 그릇에 따라 무게가 변한다.   (   )
(3) 공기는 담는 그릇에 따라 부피가 변하지 않는다. (   )

어휘 문제

1

241021-0141

낱말과 그 낱말의 뜻을 알맞게 선으로 이으세요.

(1) 부피 •

(2) 성질 •

• ① 사물이나 현상이 가지고 있는 고유의 특징.

• ② 넓이와 높이를 가진 물건이 공간에서 차지하는 크기.

2

241021-0142

다음 문장의 빈칸에 들어갈 말을 **보기** 에서 골라 써넣으세요.

보기 모양   상태

(1) 물, 우유, 주스, 간장, 식초는 담는 그릇에 따라 (   )이/가 변한다.
(2) 컵, 책, 연필과 같이 모양과 부피가 일정한 물질의 (   )을/를 고체라고 한다.

3

241021-0143

다음 뜻을 가진 낱말로 알맞은 것에 ○표를 하세요.

사물이나 공간, 지위 따위를 자기 몫으로 가지는.

(1) 관계없는   (   )   (2) 차지하는   (   )

☑ **글의 구조 파악하기**

글을 읽고 내용을 정리한 표입니다. 빈칸에 알맞은 말을 **보기** 에서 골라 써넣으세요.

보기 고체   기체   상태   액체

물질의 (①)	
(②)	담는 그릇이 바뀌어도 모양과 부피가 일정한 물질의 상태
(③)	담는 그릇에 따라 모양은 변하지만 부피가 변하지 않는 물질의 상태
(④)	담는 그릇에 따라 모양과 부피가 변하고, 담긴 그릇을 항상 가득 채우는 물질의 상태

도서관에서 책을 찾아요

도서관에 있는 수많은 책 중에서 내가 읽고 싶은 책을 쉽게 찾는 방법은 무엇일까요? 그 답은 '청구 기호'에 있습니다. 도서관에 ❶비치된 컴퓨터를 이용하여 책의 제목이나 낱말을 검색하면 '813 ㅂ97ㅇ'와 같이 숫자와 한글을 ❷조합하여 만든 책의 고유한 기호를 알 수 있습니다. 이것을 '청구 기호'라고 부릅니다. 숫자와 한글이 섞여 있어서 복잡해 보이지만, 어떤 의미인지 알면 책을 쉽게 찾을 수 있습니다.

도서관에서는 모든 책을 10개의 주제로 ❸분류하여 정리합니다. 청구 기호의 가장 앞에는 세 자리 숫자가 나옵니다. 이 숫자를 '분류 번호'라고 합니다. 맨 앞자리의 숫자는 0부터 9까지 사용하는데, 이 숫자는 책이 어떤 주제를 다루고 있는지를 알려 줍니다. 0은 '총류'로, 어떤 학문이나 주제에 ❹해당하지 않는 책들이 모여 있습니다. 1은 철학, 2는 종교, 3은 사회, 4는 자연과학, 5는 기술과학, 6은 예술, 7은 언어, 8은 문학, 9는 역사를 주제로 하는 책을 모아 두었습니다. ㉠두 번째와 세 번째 숫자는 이 주제들을 다시 여러 ❺갈래로 자세히 나눈 것을 나타냅니다.

분류 번호 다음으로 나오는 것을 '도서 기호'라고 합니다. 'ㅂ97ㅇ'과 같이 한글과 숫자를 함께 쓰는데, 작가 이름과 책 제목을 조합하여 나타낸 것입니다. 가장 먼저 작가의 성이나 성의 첫 자음자를 씁니다. 그다음으로 작가 이름 첫 글자를 약속된 숫자로 나타냅니다. 마지막에 오는 자음자는 책 제목의 첫 자음자입니다. 예를 들어 홍길동이 쓴 『무지개』라는 책이 있다면, 'ㅎ18ㅁ' 또는 '홍18ㅁ'이라고 쓰게 됩니다.

도서관에서는 청구 기호를 이용하여 책을 ❻배열합니다. 먼저 분류 번호에 따라서 작은 숫자부터 큰 숫자 순서로 책장의 왼쪽 위에서부터 오른쪽으로 책을 꽂습니다. 같은 분류 번호를 가진 책이 많다면, 도서 기호에 따라 책을 정리합니다. 도서 기호의 왼쪽에서부터 순서대로 정리합니다. 작가의 성이나 성의 첫 자음자 순서에 따라 책을 꽂고, 이것이 같으면 작가 이름 첫 글자를 나타낸 숫자의 크기를 비교합니다. 마지막으로 책 제목의 첫 자음자 순서대로 책을 꽂습니다. 이 규칙을 알면 내가 찾고 싶은 책을 쉽게 찾을 수 있습니다.

어휘 풀이

❶ **비치된**: 마련되어 갖추어진.
❷ **조합하여**: 여럿을 한데 모아 한 덩어리로 짜.
❸ **분류하여**: 여럿을 종류에 따라서 나누어.
❹ **해당하지**: 어떤 범위나 조건 등에 바로 들어맞지.
❺ **갈래**: 하나에서 둘 이상으로 갈라져 나간 부분이나 가닥.
❻ **배열합니다**: 여럿을 일정한 순서나 간격으로 죽 벌여 놓습니다.

1 

241021-0144

핵심어

도서관에서 책을 분류하기 위하여 숫자와 한글을 조합해 만든 책의 고유한 기호를 무엇이라고 하는지 글에서 찾아 쓰세요.

(   )

2

241021-0145

중심 내용

이 글의 중심 내용으로 가장 알맞은 것을 고르세요. (   )

① 분류 번호의 의미
② 도서관 컴퓨터 이용 규칙
③ 도서관에서 책을 빌리는 방법
④ 도서관에서 책을 찾는 쉬운 방법
⑤ 도서관에서 책을 분류하는 10가지 주제

3

241021-0146

내용 이해

무엇에 대한 설명인지 알맞게 선으로 이으세요.

(1) 책의 주제를 알려 주는 세 자리 숫자입니다. •   • ① 분류 번호

(2) 작가 이름과 책 제목을 조합하여 만듭니다. •   • ② 도서 기호

4

241021-0147

어휘

다음 뜻을 가진 낱말을 글에서 찾아 두 글자로 쓰세요.

여럿을 종류에 따라 나눔.

(   )

5

[분류]

다음 분류 번호에 알맞은 책 제목을 **보기**에서 골라 기호를 쓰세요.

241021-0148

보기
㉮ 『세종대왕』　　　　　　　㉯ 『땅에서 사는 동물』
㉰ 『바닷속에는 누가 살까요?』　㉱ 『역사책에서 만나는 독도』

(1) 400: (　　　,　　　)　　　(2) 900: (　　　,　　　)

6

[비교]

다음 청구 기호 ㉮와 ㉯를 알맞게 비교하여 말한 친구의 이름을 쓰세요.

241021-0149

㉮ | 651 / 김64ㅅ |　　㉯ | 710 / 이57ㅇ |

민정: ㉮를 쓴 작가는 '김'씨, ㉯를 쓴 작가는 '이'씨야.
규철: 두 책은 같은 책꽂이, 같은 칸에 꽂혀 있을 거야.
태영: ㉮는 언어를 주제로 한 책이고, ㉯는 예술을 다루는 책이야.

(　　　　　　　　　)

7

[추론]

다음은 ㉠을 자세히 설명한 내용입니다. 알맞은 것에 ○표를 하세요.

241021-0150

　810은 한국 작품, 820은 중국 작품, 830은 일본 작품을 의미합니다. 한국 작가가 쓴 작품도 더 자세하게 나눕니다. 예를 들어 811은 시, 813은 동화책입니다.

(1) 일본 작가의 동화책은 820에서 찾을 수 있다.　(　　　)
(2) 한국 작가가 쓴 동시집은 811에서 찾을 수 있다.　(　　　)

8

[적용]

다음 청구 기호를 보고, 책장에 꽂는 순서대로 번호를 쓰세요.

241021-0151

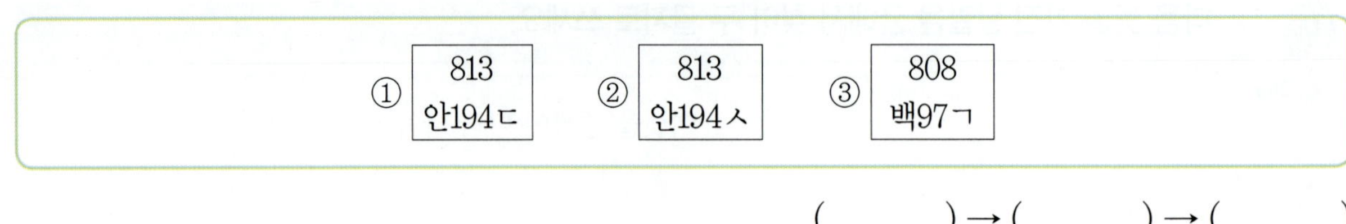

① | 813 / 안194ㄷ |　② | 813 / 안194ㅅ |　③ | 808 / 백97ㄱ |

(　　　) → (　　　) → (　　　)

어휘 문제

1 낱말과 그 낱말의 뜻을 알맞게 선으로 이으세요.

241021-0152

(1) 조합 •　　　　　　•① 여럿을 모아 한 덩어리로 짬.

(2) 배열 •　　　　　　•② 여럿을 일정한 순서나 간격으로 죽 벌여 놓음.

2 다음 문장의 빈칸에 들어갈 말을 **보기**에서 골라 써넣으세요.

241021-0153

보기 비치된　　해당하는

(1) 도서관에 (　　　　　) 신문을 읽으며 필요한 정보를 찾았다.
(2) 주제가 역사에 (　　　　　) 책의 분류 번호는 '9'로 시작한다.

3 다음 뜻을 가진 낱말로 알맞은 것에 ○표를 하세요.

241021-0154

하나에서 둘 이상으로 갈라져 나간 부분이나 가닥.

(1) 갈래 (　　　) 　　　　　　　(2) 주제 (　　　)

글의 구조 파악하기 글을 읽고 내용을 정리한 표입니다. 빈칸에 알맞은 말을 **보기**에서 골라 써넣으세요.

보기 배열　　주제　　조합

청구 기호	• 숫자와 한글을 (①　　　　)하여 만든 책의 고유한 기호 • 분류 번호 + 도서 기호

분류 번호	도서 기호
책의 (②　　　　)을/를 나타내는 번호로, 세 자리 숫자로 나타냄.	작가 이름과 책 제목을 조합하여 만든 기호

도서관에서 책을 (③　　　　)하는 방법	분류 번호 → 도서 기호의 왼쪽 첫 글자, 숫자, 마지막 글자 순서로 책장 왼쪽 위에서부터 정리

공공 자전거를 타고 달려요

  공공 자전거는 나라에서 ❶운영하고 관리하는 자전거입니다. 지역 곳곳에 설치된 보관소에서 공공 자전거를 ❷대여하고, 목적지에 도착하면 근처에 있는 자전거 보관소에 자전거를 ❸반납하는 방식으로 이용할 수 있습니다. 지역마다 조금씩 다르지만 만 13세 이상의 이용자를 대상으로 운영됩니다. 우리는 여러 지역에서 다양한 이름을 가진 공공 자전거를 만나볼 수 있습니다. 창원의 '누비자'를 시작으로 서울의 '따릉이', 대전의 '타슈', 보령의 '달려보령', 공주의 '백제씽씽' 등 여러 지역에서 공공 자전거를 운영하고 있습니다.

  공공 자전거를 이용하는 것에는 여러 가지 [㉠]이/가 있습니다. 자동차 대신 자전거를 이용하면 환경에 도움이 됩니다. 자동차에서 나오는 배기가스를 줄이고, 자동차를 운행할 때 드는 에너지를 아낄 수 있습니다. 버스나 지하철을 기다리지 않아도 원하는 시간에 자전거를 이용할 수 있습니다. 그리고 공공 자전거를 이용하면 더욱 건강해질 수 있습니다. 자전거를 탈 때에는 온몸의 근육을 사용하여, 체력이 좋아지고 심장이 더욱 튼튼해집니다. 또한 자전거 타기는 스트레스 ❹해소에도 효과적입니다.

  공공 자전거를 안전하게 이용하는 방법은 다음과 같습니다. 자전거를 타기 전 바퀴, 손잡이, 브레이크와 같은 자전거의 각 장치가 제대로 작동하는지 확인해야 합니다. 그리고 안장의 높이를 자신의 키에 맞게 조절한 후에 자전거에 탑니다. 공공 자전거 대여소에는 보호 장비가 ❺구비되어 있지 않으므로, 미리 안전모나 보호대와 같은 장비를 챙겨서 ❻착용해야 합니다. 자전거를 탈 때에는 손잡이를 꼭 잡고, 이어폰이나 휴대 전화를 사용하지 않아야 합니다.

  공공 자전거를 이용할 때 주의할 점도 있습니다. 지역마다 공공 자전거를 이용할 수 있는 나이, 이용 요금, 이용 시간 등이 다르므로 이용하려는 지역의 공공 자전거 안내문을 읽어 보아야 합니다. 그리고 공공 자전거는 많은 사람이 함께 이용하므로 깨끗하게 이용해야 합니다. 자전거를 타다가 고장이 났다면 운영하는 곳에 연락하여 고장 신고를 해야 합니다. 자전거를 타고 난 뒤에는 ㉡정해진 곳에 반납을 해야 합니다. 아무 곳에나 자전거를 ❼방치하면 자전거가 없어질 수도 있고, 다음 사람이 이용하기 어렵습니다.

✦ 어휘 풀이

❶ **운영하고**: 조직이나 기구, 사업체 등을 관리하고 이끌어 나가고.
❷ **대여하고**: 물건이나 돈을 빌려주고.
❸ **반납하는**: 도로 바치는. 또는 도로 돌려 주는.
❹ **해소**: 어려운 일이나 좋지 않은 상태를 해결하여 없애 버림.
❺ **구비되어**: 있어야 할 것을 다 갖추어.
❻ **착용해야**: 옷이나 신발 등을 입거나 신거나 해야.
❼ **방치하면**: 무관심하게 그대로 내버려 두면.

1 
241021-0155

핵심어

나라에서 운영하고 관리하는 자전거를 무엇이라고 하는지 쓰세요.

(   )

2
241021-0156

중심 내용

이 글에 대해 알맞게 설명한 것에 ○표를 하세요.

(1) 공공 자전거의 종류에 대해 자세히 설명하고 있다.　　　(　　　)
(2) 공공 자전거의 시작과 발전 과정을 소개하고 있다.　　　(　　　)
(3) 공공 자전거의 좋은 점과 이용 방법에 대해 소개하고 있다.　(　　　)

3
241021-0157

어휘

공공 자전거를 이용하는 과정으로 알맞은 말을 **보기**에서 찾아 쓰세요.

4 
241021-0158

추론

㉠에 들어갈 알맞은 말을 고르세요. (　　　　)

① 방법　　　　　② 종류　　　　　③ 부담
④ 장점　　　　　⑤ 단점

내용 이해

5
241021-0159

공공 자전거를 이용하는 방법으로 알맞지 <u>않은</u> 것을 고르세요. (   )

① 자전거를 타기 전 바퀴를 점검한다.
② 안장의 높이를 키에 맞게 조절한다.
③ 자전거를 탈 때에는 손잡이를 꼭 잡는다.
④ 안전모와 보호대를 보관소에서 대여한다.
⑤ 자전거를 탈 때에는 휴대 전화를 사용하지 않는다.

비교

6
241021-0160

버스 이용과 공공 자전거 타기를 비교하여 바르게 말한 친구의 이름을 쓰세요.

> 지아: 버스를 타려면 기다려야 하는데, 공공 자전거는 원할 때 바로 탈 수 있어.
> 해린: 버스는 버스 정류장에서만 타고 내릴 수 있고, 공공 자전거는 아무 데서나 빌리고 반납할 수 있어.

(   )

추론

7
241021-0161

ⓛ은 어떤 곳을 의미하는지 글에서 찾아 쓰세요.

(   )

중심 내용

8
241021-0162

각 문단의 중심 내용으로 알맞은 것을  보기 에서 골라 각각 기호를 쓰세요.

> **보기**
> ㉮ 공공 자전거의 좋은 점
> ㉯ 공공 자전거의 의미와 종류
> ㉰ 공공 자전거를 이용할 때 주의할 점
> ㉱ 공공 자전거를 안전하게 이용하는 방법

(1) 1문단: (   )　　　　(2) 2문단: (   )
(3) 3문단: (   )　　　　(4) 4문단: (   )

어휘 문제

1
241021-0163

낱말과 그 낱말의 뜻을 알맞게 선으로 이으세요.

(1) 착용 •　　　　　　　　　　• ① 있어야 할 것을 다 갖춤.

(2) 구비 •　　　　　　　　　　• ② 옷이나 신발 등을 입거나 신거나 함.

2
241021-0164

다음 문장의 빈칸에 들어갈 말을 **보기**에서 골라 써넣으세요.

보기 방치　　해소

(1) 자전거를 아무 곳에나 (　　　　　)하면 안 된다.
(2) 공공 자전거를 타는 것은 스트레스를 (　　　　　)하는 데 도움이 된다.

3
241021-0165

다음 뜻을 가진 낱말로 알맞은 것에 ○표를 하세요.

조직이나 기구, 사업체 등을 관리하고 이끌어 나감.

(1) 운영 (　　　　) 　　　　　　　　　　(2) 반납 (　　　　)

✓ 글의 구조 파악하기　글을 읽고 내용을 정리한 표입니다. 빈칸에 알맞은 말을 **보기**에서 골라 써넣으세요.

보기 반납　운영　장비　환경

공공 자전거 소개	
공공 자전거의 의미와 예시	• 공공 자전거: 나라에서 (①　　　　) 하고 관리하는 자전거. • 서울의 '따릉이', 대전의 '타슈', 창원의 '누비자', 보령의 '달려보령', 백제의 '공주씽씽'
장점	(②　　　　)에 도움, 편리하게 이용, 건강에 도움
안전하게 이용하는 방법	자전거의 장치가 제대로 작동하는지 확인, 보호 (③　　　　) 착용, 이어폰이나 휴대 전화 사용 금지
공공 자전거 이용 시 유의점	이용하는 지역의 공공 자전거 안내문 읽어 보기, 깨끗하게 이용하기, 고장 나면 신고하기, 정해진 곳에 (④　　　　)하기

3주 마무리 학습

❀ **보기**에 있는 낱말 뜻을 참고하여 해당하는 낱말을 찾아 ○표를 해 보세요.

보기

1. 왼쪽과 오른쪽. (○○)
2. 이익을 얻기 위한 목적으로 상품을 사고파는 경제 활동. (○○)
3. 서로 맞서거나 비교되는 관계에 있는 것. (○○○)
4. 모양, 색, 구성 등이 여러 가지 많은 특성. (○○○)
5. 넓이와 높이를 가진 물건이 공간에서 차지하는 크기. (○○)
6. 사물이나 현상이 가지고 있는 고유의 특징. (○○)
7. 하나에서 둘 이상으로 갈라져 나간 부분이나 가닥. (○○)
8. 어려운 일이나 좋지 않은 상태를 해결하여 없애 버림. (○○)
9. 일정한 직업을 잡아 직장에 나감. (○○)
10. 사물이나 현상이 놓여 있는 모양이나 형편. (○○)

이	부	피	호	입	섬	합	반
취	수	립	친	공	발	좌	여
업	조	배	다	용	양	우	판
주	독	남	양	운	해	세	상
상	업	희	성	하	화	소	태
모	대	차	주	착	족	한	대
관	지	적	계	구	기	성	해
손	양	형	갈	래	열	질	치

4주

주제	학습 내용	학습 완료일
1일 과학	**닭과 개의 한살이** 알을 낳는 동물인 닭과, 새끼를 낳는 동물인 개의 한살이를 설명하는 글입니다.	월 일 맞은 문제 수 개/11개 확인
2일 국어	**토의도 하고, 토론도 하고** 토의와 토론의 공통점과 차이점에 대해 설명하는 글입니다.	월 일 맞은 문제 수 개/11개 확인
3일 사회	**고인돌 왕국, 우리나라** 세계문화유산으로 지정된 우리나라 고인돌에 대해 소개하는 글입니다.	월 일 맞은 문제 수 개/11개 확인
4일 과학	**감기와 독감, 같은 듯 달라요** 감기와 독감의 차이에 대해 알려 주는 글입니다.	월 일 맞은 문제 수 개/11개 확인
5일 사회	**국민 생선, 명태** 국민 생선으로 불리는 물고기인 명태에 대해 소개하는 글입니다.	월 일 맞은 문제 수 개/11개 확인

닭과 개의 한살이

　동물이 태어나고 자라서 자손을 남기고 죽을 때까지의 과정을 동물의 한살이라고 합니다. 동물은 알이나 새끼의 모습으로 태어나 성장합니다. 이후 다 자라면 암컷과 수컷이 짝짓기를 하고 알을 낳거나 새끼를 낳는 한살이 과정을 거칩니다. 자라는 과정은 동물마다 다릅니다. 알을 낳는 동물은 닭, 연어, 뱀, 개구리, 굴뚝새 등이 있고, 새끼를 낳는 동물은 개, 고양이, 소, 말 등이 있습니다. 알을 낳는 동물과 새끼를 낳는 동물의 한살이에 대해 알아볼까요?

　알을 낳는 동물인 닭은 알, 병아리, 큰 병아리, 다 자란 닭의 한살이 과정을 거칩니다. 어미 닭이 알을 품은 지 약 21일이 지나면 알을 깨고 병아리가 나옵니다. 병아리는 몸이 ❶솜털로 덮여 있고 ❷볏과 ❸꽁지깃이 없으며 암컷과 수컷을 구별하기 어렵습니다. 큰 병아리는 몸에 솜털이 빠지고 ❹깃털이 나며 머리에 작은 볏이 나 있습니다. ❺부화한 뒤 약 6개월이 지나면 다 자란 닭은 몸이 깃털로 덮이고 이마와 턱에 볏이 생기며 꽁지깃이 길게 자라 암수의 구별이 뚜렷해집니다. 암컷은 알을 낳을 수 있으며, 수컷은 암컷보다 볏이 더 크고 꽁지깃이 길어서 휘어집니다.

　새끼를 낳는 동물인 개는 강아지 때부터 몸이 털로 덮여 있고, 다리가 네 개이며 꼬리가 있습니다. ❻주둥이는 길쭉하게 튀어나온 모양이고, 코는 털이 없고 촉촉합니다. 개는 갓 태어난 강아지, 큰 강아지, 다 자란 개의 한살이 과정을 거칩니다. 갓 태어난 강아지는 어미젖을 먹으며 자라고, 2~3주가 지나면 ⓐ 을/를 떠서 볼 수 있으며, 귀로는 ⓑ 을/를 들을 수 있습니다. 6~8주가 지나면 젖니가 다 나오고 먹이를 씹어 먹을 수 있는 큰 강아지가 되며, 9~12개월이 지나면 다 자란 개가 됩니다. 다 자란 개는 ❼짝짓기를 하여 암컷이 새끼를 낳습니다.

🌟 **어휘 풀이**

❶ **솜털**: 매우 가늘고 부드러운 털.

❷ **볏**: 닭이나 꿩과 같은 새의 머리 위에 세로 방향으로 붙어 있는 톱니 모양의 납작하고 붉은 살 조각.

❸ **꽁지깃**: 새의 꽁무니에 붙은 깃.

❹ **깃털**: 새의 몸을 덮고 있는 털.

❺ **부화한**: 동물의 알 속에서 새끼가 껍데기를 깨고 밖으로 나온.

❻ **주둥이**: 동물의 코나 입 주위의 뾰족하게 나온 부분.

❼ **짝짓기**: 동물의 암컷과 수컷이 짝을 이루거나, 짝이 이루어지게 하는 일.

핵심어

1 빈칸에 들어갈 알맞은 말을 글에서 찾아 쓰세요.

241021-0166

> 동물의 알이나 새끼가 태어나고 자라서 어미가 되어 다시 알이나 새끼를 낳는 과정을 동물의 ☐☐☐☐☐(이)라고 한다.

(   )

분류

2 다음 동물을 알을 낳는 동물과 새끼를 낳는 동물로 나누어 쓰세요.

241021-0167

> 개   닭   소   뱀   고양이   개구리

(1) 알을 낳는 동물: (,   ,   )
(2) 새끼를 낳는 동물: (,   ,   )

내용 이해

3 이 글에서 설명한 내용이 <u>아닌</u> 것을 고르세요. (   )

241021-0168

① 개의 한살이
② 병아리의 모습
③ 닭과 개의 먹이 종류
④ 닭의 수컷과 암컷의 차이점
⑤ 개의 수컷과 암컷 중 새끼를 낳는 동물

적용

4 다음 친구들이 이야기하는 닭의 모습은 닭의 한살이 과정 가운데에서 어느 단계에 해당하는지 쓰세요.

241021-0169

> 주혜: 저것 좀 봐. 아직 볏과 꽁지깃이 없어.
> 현석: 몸은 보드라운 솜털로 덮여 있어서 만져 보고 싶어.
> 민준: 어떤 것이 암컷이고 어떤 것이 수컷인지 구별하기가 어렵네.

(   )

5

[비교]

닭의 수컷과 암컷을 비교한 내용으로 알맞은 것에 ○표를 하세요.

(1) 수컷은 볏이 있고, 암컷은 볏이 없다.　　　　　　　　(　　)

(2) 수컷은 암컷보다 꽁지깃이 길고 휘어져 있다.　　　　(　　)

(3) 수컷은 몸이 깃털로 덮여 있고, 암컷은 몸이 솜털로 덮여 있다.　(　　)

6

[내용 이해]

개에 대한 설명으로 알맞지 <u>않은</u> 것을 고르세요. (　　)

① 꼬리가 있다.

② 새끼를 낳는다.

③ 다리가 네 개이다.

④ 코에 털이 많고 건조하다.

⑤ 주둥이는 길쭉하게 튀어나온 모양이다.

7

[내용 이해]

개의 한살이 순서대로 기호를 쓰세요.

> ㉮ 어미젖을 먹으며 자란다.
> ㉯ 짝짓기를 하여 암컷이 새끼를 낳는다.
> ㉰ 젖니가 다 나와 먹이를 씹어 먹을 수 있다.

(　　) → (　　) → (　　)

8

[추론]

㉠과 ㉡에 들어갈 알맞은 말을 각각 쓰세요.

(1) ㉠: (　　　)　　　　　　　(2) ㉡: (　　　)

어휘 문제

1 낱말과 그 낱말의 뜻을 알맞게 선으로 이으세요.

241021-0174

(1) 솜털 •　　　　　　　　　•① 새의 몸을 덮고 있는 털.

(2) 깃털 •　　　　　　　　　•② 매우 가늘고 부드러운 털.

2 다음 문장의 빈칸에 들어갈 말을 **보기**에서 골라 써넣으세요.

241021-0175

보기　부화　　짝짓기

(1) 개구리의 암컷과 수컷이 (　　　　　)를 한 뒤 암컷이 물에 알을 낳는다.
(2) 알에서 (　　　　　)한 병아리는 모이를 먹고 자라면서 솜털이 깃털로 바뀐다.

3 다음 뜻을 가진 낱말로 알맞은 것에 ○표를 하세요.

241021-0176

닭이나 꿩과 같은 새의 머리 위에 세로 방향으로 붙어 있는 톱니 모양의 납작하고 붉은 살 조각.

(1) 볏　(　　　　)　　　　　　　　　(2) 부리　(　　　　)

☑ **글의 구조 파악하기**　글을 읽고 내용을 정리한 표입니다. 빈칸에 알맞은 말을 **보기**에서 골라 써넣으세요.

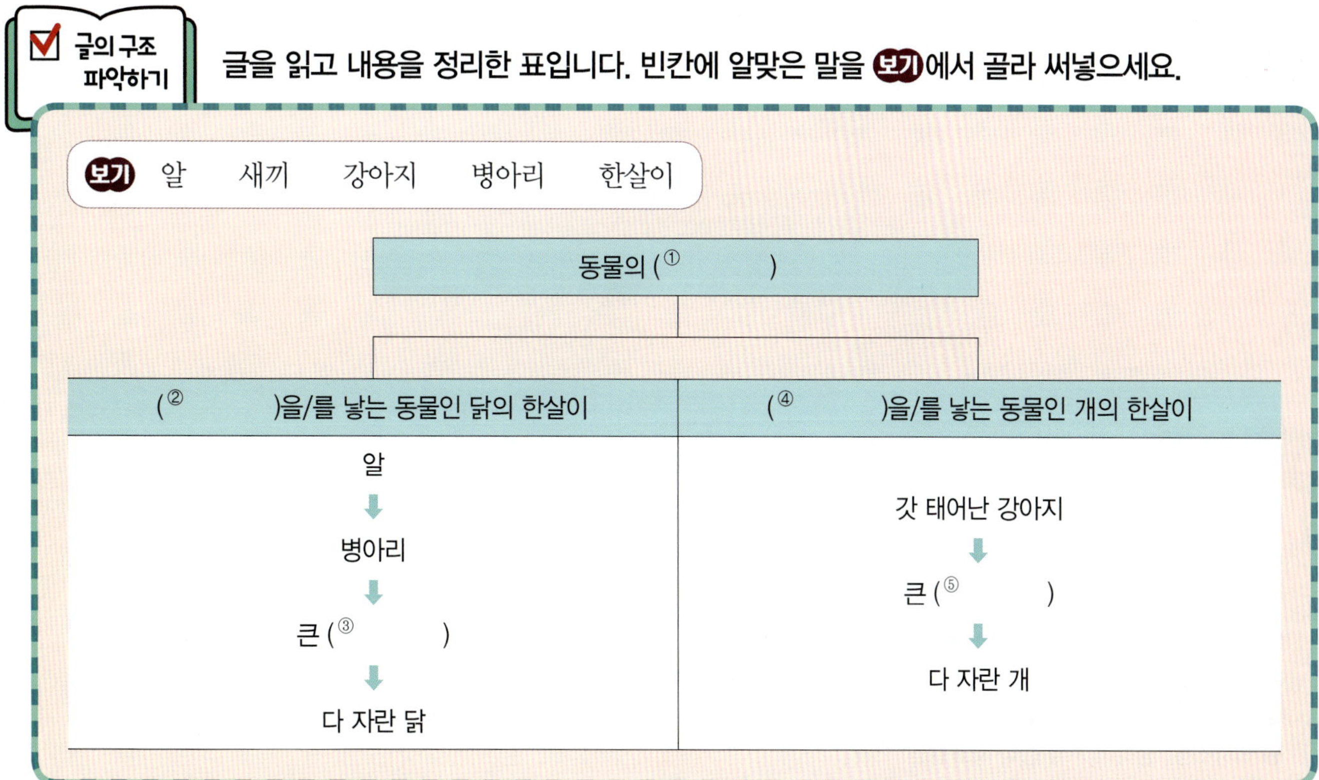

토의도 하고, 토론도 하고

　수지네 가족은 주말에 가족 여행을 가기로 해서 가족 ❶회의를 열었습니다. 가족 회의에서 어디로 가면 좋을지, 가서 무엇을 할지, 음식은 무엇을 먹을지, 하룻밤을 자고 올지 말지 등에 대해 이야기를 나누었습니다. 가족들은 각자의 생각을 나누고 의견을 모으며 모두가 만족하는 멋진 여행 계획을 세웠습니다. 이렇게 여행 계획을 세우기 위해 각자의 의견을 이야기할 때 우리는 토의나 토론을 하게 됩니다.

　토의란 어떤 문제를 해결하기 위해 서로 생각을 주고받으면서 의견을 나누는 것을 말합니다. 여행 장소, 여행 가서 할 일, 여행 가서 먹을거리 등을 정할 때 토의를 할 수 있습니다. 예를 들어, 여행을 어디로 떠날 것인지 결정을 할 때 토의를 할 수 있습니다. 가족들이 함께 머리를 ❷맞대고 평소에 가 보고 싶었던 곳, 그곳에 가고 싶은 이유 등 서로 의견을 나누며 여행 장소를 정하는 것이 토의입니다. 그리고 여행 가서 할 일, 여행 가서 먹을거리 등을 정할 때에도 토의를 할 수 있습니다.

　토론은 서로 의견이 다른 문제에 대해 각자의 생각이 옳다고 주장하면서 그 문제에 대해 ❸따지고 의논하는 것을 말합니다. 수지네 가족이 여행 일정을 1박 2일로 잡을지 말지를 결정해야 할 때 토론이 이루어집니다. '여행지에서 하룻밤을 자고 다음 날에 돌아오자.'에 찬성하는 편과 반대하는 편으로 나뉠 테니까요. 이렇게 찬성편과 반대편이 나뉘어 각자 왜 그렇게 생각하는지 이유를 들어 상대를 ❹설득하려는 말하기가 토론입니다. 그래서 토론은 ❺승패가 정해집니다. 만약 찬성편 생각에 반대편이 ❻동의한다면 찬성편이 이긴 것이지요. 그러면 토론 결과 수지네 가족은 　　　　　　　　　ⓒ　　　　　　　　　

　이렇게 우리는 일상생활에서 어떤 문제가 생겼을 때 이를 해결하려고 토의도 하고 토론도 합니다. 토의와 토론을 통해 각자 자신의 의견을 자유롭게 말하고, 다른 사람의 의견을 귀 기울여 들으면서 ❼의사소통 능력을 키울 수 있습니다. 또한 문제가 생겼을 때 창의적으로 해결하는 능력, 가족이나 학교의 구성원으로서 다른 사람들과 더불어 살아갈 수 있는 능력도 기를 수 있습니다.

⭐ 어휘 풀이

❶ **회의**: 여럿이 모여 의논함. 또는 그런 모임.
❷ **맞대고**: 서로 가깝게 마주 대하고.
❸ **따지고**: 옳고 그름, 맞고 틀림 등을 자세히 밝히고 가리고.
❹ **설득하려는**: 상대방이 그 말을 따르거나 이해하도록 잘 설명하거나 타이르려는.
❺ **승패**: 승리와 패배.
❻ **동의한다면**: 같은 의견을 가진다면.
❼ **의사소통**: 생각이나 말 등이 서로 통함.

1 중심 내용

이 글의 중심 내용으로 알맞은 것에 ○표를 하세요.

241021-0177

(1) 토의와 토론의 차이점　　(　　　　　)

(2) 토의와 토론의 문제점　　(　　　　　)

(3) 토의와 토론의 진행 과정　(　　　　　)

2 분류

다음은 토의와 토론 가운데에서 무엇에 알맞은 주제인지 각각 쓰세요.

241021-0178

(1) 가족 여행을 갈 것인가?　　　　　　(　　　　　　)

(2) 여행지에서 하룻밤을 잘 것인가?　　(　　　　　　)

(3) 여행지에서 어떤 음식을 먹을 것인가?　(　　　　　　)

(4) 여행지에 도착하면 무엇을 할 것인가?　(　　　　　　)

3 비교

다음과 같이 토의와 토론을 비교할 때, ㉮와 ㉯에 들어갈 알맞은 말을 글에서 찾아 각각 쓰세요.

241021-0179

> 　토의와 토론은 어떤 문제에 대해 각자의 의견을 말하는 활동인데, 토의는 어떤 문제를 [㉮] 하기 위해 서로 의견을 교환하며 협력하여 답을 찾는 말하기이다. 반면 토론은 서로 의견이 다른 문제에 대해 각자의 생각이 옳다고 주장하며 상대를 [㉯] 하기 위한 말하기이다.

(1) ㉮: (　　　　　)　　　　　　　　(2) ㉯: (　　　　　)

4 내용 이해

토의와 토론을 통해 기를 수 있는 능력으로 알맞은 것을 <u>두 가지</u> 고르세요. (　　　 , 　　　)

241021-0180

① 다른 사람과 의사소통하는 능력

② 문제를 창의적으로 해결하는 능력

③ 혼자 힘으로 살아갈 수 있는 능력

④ 스스로 계획을 세우고 실천하는 능력

⑤ 바른 자세로 글씨를 또박또박 쓰는 능력

적용

5 토의 주제로 알맞은 것에 ○표를 하세요.

241021-0181

(1) 등교 시간을 9시로 늦춰야 할까? ( )

(2) 학교에서 휴대 전화 사용을 허용해도 될까? ( )

(3) 급식을 먹고 남는 반찬을 줄이려면 어떻게 해야 할까? ( )

내용 이해

6 토론에 대한 설명으로 알맞지 <u>않은</u> 것을 고르세요. ( )

241021-0182

① 토론이 끝나면 승패가 정해진다.

② 찬성편과 반대편으로 나누어 진행한다.

③ 의견을 제시할 때 이유를 들어 말해야 한다.

④ 문제의 답을 찾기 위해 모두가 협력해야 한다.

⑤ 다루는 문제에 대해 옳고 그름을 따져 보아야 한다.

추론

7 ㉠에 들어갈 내용으로 알맞은 것에 ○표를 하세요.

241021-0183

(1) 하룻밤을 자고 다음 날에 돌아오는 일정으로 가족 여행을 다녀오게 될 것입니다. ( )

(2) 하룻밤을 자지 않고 당일에 돌아오는 일정으로 가족 여행을 다녀오게 될 것입니다. ( )

적용

8 토의나 토론이 필요한 상황으로 알맞은 것의 기호를 쓰세요.

241021-0184

㉮ 슬픔에 빠져 울고 있는 친구를 위로해야 할 때
㉯ 자신의 행동을 돌아보며 잘못한 점을 반성하는 글을 쓸 때
㉰ 열심히 노력하여 수영 대회에서 우승한 친구를 축하해 줄 때
㉱ 학급에서 일어난 문제에 대해 여러 사람의 의견을 들어야 할 때

( )

어휘 문제

1

낱말과 그 낱말의 뜻을 알맞게 선으로 이으세요.

241021-0185

(1) 회의 •

(2) 의사소통 •

• ① 생각이나 말 등이 서로 통함.

• ② 여럿이 모여 의논함. 또는 그런 모임.

2

다음 문장의 빈칸에 들어갈 말을 **보기**에서 골라 써넣으세요.

241021-0186

보기 동의   설득

(1) 영수는 주말에 놀이공원에 가고 싶어서 엄마를 (   )하고 있다.
(2) 결국 친구들이 내 의견에 (   )하여 내가 원하는 대로 결정이 되었다.

3

다음 뜻을 가진 낱말로 알맞은 것에 ○표를 하세요.

241021-0187

> 옳고 그름, 맞고 틀림 등을 자세히 밝히고 가리다.

(1) 따지다 (   )   (2) 맞대다 (   )

글의 구조 파악하기 글을 읽고 내용을 정리한 표입니다. 빈칸에 알맞은 말을 **보기**에서 골라 써넣으세요.

보기 답   반대   설득   협력

토의	토론
• 문제 해결을 위해 여러 사람이 (①)하여 의견을 나누는 말하기	• 서로 의견이 다른 문제에 대해 각자의 생각이 옳다고 주장하면서 상대를 (③)하는 말하기
• 여러 사람이 함께 문제의 (②)을/를 찾기 위해 노력함.	• 찬성편과 (④)편이 나뉘어 의견을 주고받은 후 승패가 결정됨.
• 예 가족 여행을 어디로 갈 것인가?	• 예 여행지에서 하룻밤을 잘 것인가?

(토의) ↔ (토론)

고인돌 왕국, 우리나라

　고인돌은 큰 돌로 만든 무덤입니다. 아주 먼 옛날인 ❶청동기 시대에 돌을 괴어 만든 무덤이지요. '고인돌'은 '돌을 고이다(괴다)'에서 나온 말로, '고이다' 또는 '괴다'라는 말은 '㉠기울어지거나 쓰러지지 않도록 아래를 받쳐 ❷안정시키다.'라는 뜻을 지니고 있습니다. 고인돌은 두 개 또는 여러 개의 받침돌 위에 커다란 바위인 덮개돌을 올려놓아, 받침돌이 그 덮개돌을 받치고 있는 모양을 하고 있습니다. 그래서 '괴어 있는 돌'이라는 뜻으로 '고인돌'이라고 부르는 것이지요.

　그런데 우리나라에는 고인돌이 무척 많습니다. 전 세계 고인돌의 무려 40퍼센트가 우리나라에 모여 있습니다. 고인돌 10개 중 4개는 우리나라에 모여 있다는 말이지요. 그래서 우리나라는 '고인돌 왕국'으로 불립니다. 고인돌에서는 청동기 시대 ❸유물들이 함께 발견되기도 합니다. 청동기 시대는 지금으로부터 4000년 전쯤, 청동기가 주요한 도구로 사용되던 시대를 말합니다. 청동기 시대의 유물을 통해 우리는 아주 오래 전 시대를 살아간 사람들의 삶의 모습을 엿볼 수 있습니다. 예를 들어 고인돌은 무덤이므로 사람의 뼈가 나오고, ❹토기와 ❺석기, 청동 거울과 청동 검 등이 나옵니다. 고인돌은 우리가 보존해야 할 가치가 있는 문화유산입니다. 이 고인돌의 가치를 세계에서도 ❻인정하여 ❼유네스코에서는 우리나라의 전라북도 고창, 전라남도 화순, 인천 강화 지역의 고인돌을 세계문화유산으로 ❽지정했습니다.

　그렇다면 이 고인돌 무덤의 주인은 누구였을까요? 고인돌의 덮개돌은 그 크기와 무게가 어마어마합니다. 이토록 거대한 바위를 받침돌 위에 올려놓으려면 많은 사람들의 힘이 필요했을 것이고, 많은 사람들이 바위를 들어 올리도록 시킬 수 있는 사람이 무덤의 주인이었을 것입니다. 그래서 ㉡고인돌의 주인은 평범한 보통 사람이 아니라 당시에 힘이 센 지배자였을 거라고 추측할 수 있습니다.

⭐ 어휘 풀이

❶ **청동기**: 청동으로 만든 그릇이나 기구.

❷ **안정시키다**: 변하거나 흔들리지 않고 일정한 상태를 유지하게 하다.

❸ **유물**: 앞선 시대에 살았던 사람들이 후대에 남긴 물건.

❹ **토기**: 원시 시대에 쓰던, 흙으로 만든 그릇.

❺ **석기**: 주로 원시인이 쓰던, 돌로 만든 여러 가지 생활 도구.

❻ **인정하여**: 어떤 것이 확실하다고 여기거나 받아들여.

❼ **유네스코**: 국제 연합 전문 기관의 하나. 교육, 과학, 문화의 보급과 국제 교류 증진을 통한 국제간의 이해와 세계 평화를 추구함.

❽ **지정했습니다**: 공공 기관이나 단체, 개인 등이 어떤 것을 특별한 자격이나 가치가 있는 것으로 정했습니다.

1   241021-0188

[핵심어]

청동기 시대에 돌을 괴어 만든 무덤을 가리키는 말을 글에서 찾아 쓰세요.

(   )

2   241021-0189

[내용 이해]

이 글을 읽고 알 수 있는 내용이 <u>아닌</u> 것을 고르세요. (   )

① 고인돌의 뜻
② 고인돌의 개수
③ 고인돌의 모양
④ 고인돌의 주인
⑤ 고인돌이 만들어진 시대

3   241021-0190

[내용 이해]

다음 사진에서 ㉮와 ㉯를 가리키는 말을 글에서 찾아 쓰세요.

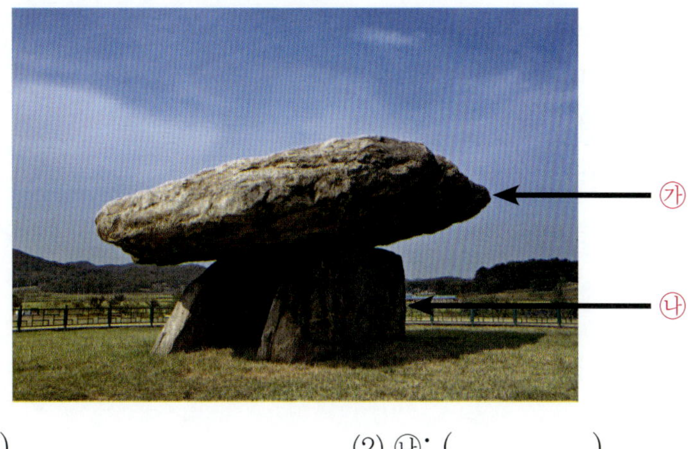

(1) ㉮: (   )   (2) ㉯: (   )

4   241021-0191

[내용 이해]

고인돌에서 발견되는 유물이 <u>아닌</u> 것을 고르세요. (   )

① 토기   ② 석기   ③ 청동 거울
④ 사람의 뼈   ⑤ 철로 만든 검

내용 요약

5 우리나라가 '고인돌 왕국'이라고 불리는 까닭을 간추려 쓰세요.

241021-0192

____

____

추론

6 다음 밑줄 친 말 가운데에서 ㉠과 같은 뜻으로 쓰인 문장에 ○표를 하세요.

241021-0193

(1) 나무가 쓰러지지 않도록 막대기로 <u>고여</u> 놓았다. (　　　)

(2) 슬픈 영화를 보았더니 어느새 눈에 눈물이 <u>고여</u> 있었다. (　　　)

추론

7 ㉡과 같이 추측할 수 있는 까닭으로 가장 알맞은 것을 고르세요. (　　　)

241021-0194

① 힘이 센 지배자들이 돌을 좋아했기 때문이다.

② 고인돌을 만들 때 많은 사람의 힘이 필요했기 때문이다.

③ 고인돌에서 발견된 토기는 지배자들만 사용했기 때문이다.

④ 평범한 사람들은 평소에 돌로 물건을 만들 수 없었기 때문이다.

⑤ 평범한 사람들은 무덤을 만드는 것을 좋아하지 않았기 때문이다.

적용

8 다음 선생님의 질문에 알맞게 대답한 친구의 이름을 쓰세요.

241021-0195

> 선생님: 유네스코에서는 왜 우리나라의 고인돌을 세계문화유산으로 지정했을까요?
>
> 휘성: 청동기 시대 사람들의 삶의 모습을 엿볼 수 있어서요.
>
> 윤지: 너무 많이 훼손되어 곧 사라질 위기에 처해 있어서요.
>
> 현모: 고인돌은 세계 어디에도 없고 우리나라에만 있어서요.

(　　　　　　　　　)

어휘 문제

1

241021-0196

낱말과 그 낱말의 뜻을 알맞게 선으로 이으세요.

(1) 토기 •

(2) 석기 •

• ① 원시 시대에 쓰던, 흙으로 만든 그릇.

• ② 주로 원시인이 쓰던, 돌로 만든 여러 가지 생활 도구.

2

241021-0197

다음 문장의 빈칸에 들어갈 말을 **보기**에서 골라 써넣으세요.

보기 인정   지정

(1) 우리는 그가 최선을 다했다는 것을 (   )하고 그를 위해 박수를 쳤다.
(2) 나라에서는 반달가슴곰을 멸종 위기 동물로 (   )하여 특별히 관리하기로 했다.

3

241021-0198

다음 뜻을 가진 낱말로 알맞은 것에 ○표를 하세요.

앞선 시대에 살았던 사람들이 후대에 남긴 물건.

(1) 유물   (   )   (2) 유언   (   )

글의 구조 파악하기   글을 읽고 내용을 정리한 표입니다. 빈칸에 알맞은 말을 **보기**에서 골라 써넣으세요.

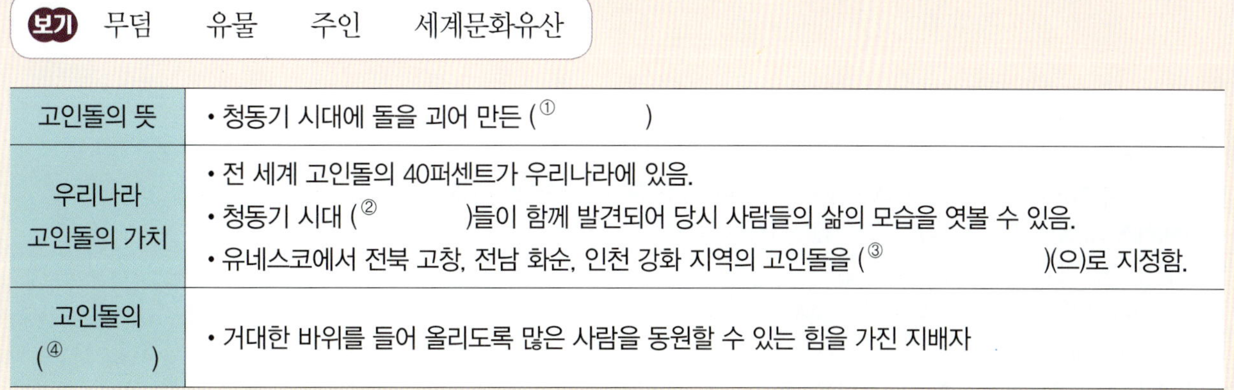

보기 무덤   유물   주인   세계문화유산

고인돌의 뜻	• 청동기 시대에 돌을 괴어 만든 (①)
우리나라 고인돌의 가치	• 전 세계 고인돌의 40퍼센트가 우리나라에 있음. • 청동기 시대 (②)들이 함께 발견되어 당시 사람들의 삶의 모습을 엿볼 수 있음. • 유네스코에서 전북 고창, 전남 화순, 인천 강화 지역의 고인돌을 (③)(으)로 지정함.
고인돌의 (④)	• 거대한 바위를 들어 올리도록 많은 사람을 동원할 수 있는 힘을 가진 지배자

4일 감기와 독감, 같은 듯 달라요

공부한 날　　월　　일

　해마다 겨울철이 시작되기 전에 독감 예방 주사를 맞아 본 적이 있을 겁니다. 하지만 감기 예방 주사는 맞아 본 적이 없을 겁니다. ㉠독감은 예방 ❶백신이 있지만 감기는 없기 때문입니다. 감기와 비슷해 보이는 독감이 감기와는 다른 질병이라는 사실, 알고 있었나요? 감기와 독감이 어떤 점에서 다른지 알아봅시다.

　먼저, 감기와 독감은 원인이 다릅니다. 감기는 200여 개 이상의 서로 다른 종류의 ❷바이러스에 의해 발생합니다. 대표적인 감기 바이러스로 ❸환절기에 흔히 발견되는 리노 바이러스와 겨울철에 주로 나타나는 코로나 바이러스가 있습니다. 이와 달리 독감은 인플루엔자 바이러스에 의해 생기고, 그것은 A, B, C 세 가지 형태로 나뉩니다.

　다음으로, 감기의 원인이 되는 바이러스는 종류가 많기 때문에 그에 맞는 예방 백신을 만들 수 없지만, 독감의 원인이 되는 바이러스는 종류가 세 가지 형태이기 때문에 예방 백신을 만들 수 있습니다. 실제로 독감 예방 주사를 맞으면 예방이 가능합니다. 하지만 예방 접종의 효과는 1년밖에 되지 않기 때문에 독감을 예방하기 위해서는 ㉡해마다 독감 예방 주사를 맞아야 합니다.

　마지막으로 감기와 독감의 ❹증상에도 차이가 있습니다. 환자마다 다를 수는 있지만, 일반적으로 감기에 걸리면 열이 높지 않고 주로 재채기, 콧물, 코 막힘, 기침 등의 호흡기 증상이 나타나며 1~2주 정도 지나면 특별한 치료 없이도 자연스럽게 낫습니다. 하지만 독감에 걸리면 열이 높고 추위를 느껴 몸이 떨리며 토하거나 설사를 하기도 하고 피로감을 느끼는 등 ❺전신 증상이 갑자기 발생합니다. 여기에 감기와 유사한 호흡기 증상이 함께 나타나는 모습을 보입니다.

　감기와 독감에 걸리지 않으려면 평소 손을 자주 씻는 습관을 들이는 것이 중요합니다. 손에 바이러스가 묻어 있을 수 있기 때문입니다. ❻면역력이 떨어지지 않도록 평소 건강하게 생활하는 것도 중요합니다. 바이러스에 감염되지 않도록 사람들이 많이 모이는 장소에 가지 않는 것도 도움이 됩니다.

⭐ 어휘 풀이

❶ **백신**: 전염병에 대한 면역력을 기르기 위해 병의 균이나 독소를 이용하여 만든 약품.
❷ **바이러스**: 유행성 감기, 소아마비 등의 감염성 병원체가 되는 아주 작은 미생물.
❸ **환절기**: 계절이 바뀌는 시기.
❹ **증상**: 병을 앓을 때 나타나는 여러 가지 상태.
❺ **전신**: 몸 전체.
❻ **면역력**: 몸 밖에서 들어온 병균을 이겨 내는 힘.

1 241021-0199

중심 내용

이 글의 중심 내용을 다음과 같이 정리할 때, 알맞은 말에 ○표를 하세요.

감기와 독감의 (공통점 / 차이점)

2 241021-0200

내용 이해

이 글에서 설명하는 내용으로 알맞은 것을 <u>두 가지</u> 고르세요. (,   )

① 감기와 독감이 발생하는 원인

② 감기와 독감이 많이 발생하는 나라

③ 감기와 독감에 걸렸을 때 나타나는 증상

④ 감기와 독감에 쉽게 걸리는 사람들의 나이

⑤ 감기와 독감이 여름에 잘 발생하지 않는 까닭

3 241021-0201

비교

㉮와 ㉯에 들어갈 말이 감기와 독감 가운데에서 무엇인지 각각 쓰세요.

㉮ 은/는 질병의 원인인 바이러스의 종류가 아주 많지만, ㉯ 은/는 질병의 원인인 바이러스의 종류가 세 가지 형태이다. ㉮ 은/는 예방 백신이 없어서 예방이 불가능하지만, ㉯ 은/는 예방 백신이 있어서 예방이 가능하다.

(1) ㉮: (   )   (2) ㉯: (   )

4 241021-0202

내용 이해

감기의 일반적인 증상이 아닌 것을 고르세요. (   )

① 기침   ② 설사   ③ 콧물

④ 재채기   ⑤ 코 막힘

내용 이해

5 독감의 특성으로 알맞은 것에 ◯표를 하세요.

241021-0203

(1) 증상은 감기와 똑같다. ( )

(2) 예방할 수 있는 백신이 있다. ( )

(3) 원인이 되는 바이러스는 코로나 바이러스이다. ( )

추론

6 ㉠의 까닭을 가장 잘 설명한 친구의 이름을 쓰세요.

241021-0204

> 정아: 감기의 원인이 되는 바이러스의 종류가 독감보다 훨씬 더 많고 다양하기 때문이야.
> 보현: 독감에 걸렸을 때 나타나는 증상이 감기에 걸렸을 때 나타나는 증상보다 더 심각하기 때문이야.
> 병욱: 감기는 예방 주사를 맞지 않아도 나을 수 있지만, 독감은 예방 주사를 맞지 않으면 나을 수 없기 때문이야.

( )

내용 요약

7 ㉡의 까닭을 간추려 쓰세요.

241021-0205

____

적용

8 다음은 감기와 독감 예방 방법을 안내한 글입니다. 알맞지 <u>않은</u> 것을 골라 기호를 쓰세요.

241021-0206

> 〈감기와 독감 예방 방법〉
> ㉮ 면역력이 떨어지지 않도록 건강하게 생활하세요.
> ㉯ 손에 묻은 바이러스를 없애도록 손을 자주 씻으세요.
> ㉰ 겨울이 시작되기 전에 독감 예방 주사를 꼭 맞으세요.
> ㉱ 면역력을 기를 수 있도록 사람들이 많이 모이는 장소에 자주 가세요.

( )

어휘 문제

1

241021-0207

낱말과 그 낱말의 뜻을 알맞게 선으로 이으세요.

(1) 백신 •

(2) 바이러스 •

• ① 유행성 감기, 소아마비 등의 감염성 병원체가 되는 아주 작은 미생물.

• ② 전염병에 대한 면역력을 기르기 위해 병의 균이나 독소를 이용하여 만든 약품.

2

241021-0208

다음 문장의 빈칸에 들어갈 말을 **보기** 에서 골라 써넣으세요.

보기 증상   면역력

(1) (   )이 약한 어린이나 노약자는 바이러스에 감염되기가 쉽다.

(2) 감기에 걸렸는데 약을 먹지도 않고 쉬지도 않았더니 (   )이 더 심해졌다.

3

241021-0209

다음 뜻을 가진 낱말로 알맞은 것에 ○표를 하세요.

> 계절이 바뀌는 시기.

(1) 환절기   (   )   (2) 사계절   (   )

글의 구조 파악하기

글을 읽고 내용을 정리한 표입니다. 빈칸에 알맞은 말을 **보기** 에서 골라 써넣으세요.

보기 원인   전신   주사   호흡기

	감기	독감
(①)	리노 바이러스, 코로나 바이러스 등 종류가 200여 개 이상임.	인플루엔자 바이러스의 세 가지 형태로 나뉨.
예방 백신	예방 백신을 만들 수 없음.	예방 백신을 만들 수 있고, 독감 예방 (③)을/를 맞으면 예방이 가능함.
증상	(②) 증상이 주로 나타남.	(④) 증상과 호흡기 증상이 함께 나타남.

명태는 우리나라, 일본, 러시아 등에서 주로 잡히는 물고기입니다. 과거 우리 바다에서는 명태가 아주 많이 잡혀서 조선을 '명태의 나라'라고 부르기도 했습니다. 또한 전통적으로 ❶제사를 지내거나 ❷혼례를 치를 때 없어서는 안 될 귀중한 생선이었습니다. 지금도 다양한 모습으로 변신하여 우리나라 밥상에 꾸준히 올라오는 단골 생선이기도 합니다. 이렇게 명태는 한국인이 가장 좋아하는 생선 중 하나이기 때문에 명태를 '국민 생선'이라고 불러 왔습니다.

국민 생선답게 명태를 부르는 이름은 아주 많습니다. ㉠생태, 동태, 코다리, 북어, 황태, 노가리가 모두 명태의 다른 이름입니다. 생태는 갓 잡은 싱싱한 상태, 동태는 꽁꽁 얼린 상태의 명태를 말합니다. 코다리는 명태의 내장과 아가미를 빼고 ❸꾸덕꾸덕하게 말린 뒤 코에 ❹꿰어 반쯤 건조시킨 상태로 만든 것을 말합니다. 북어는 명태를 바싹 말린 것이고, 황태는 눈과 비, 바람을 맞히며 얼렸다 녹이기를 반복해 명태를 노랗게 말린 것을 말합니다. 새끼 명태를 바싹 말린 것은 노가리라고 합니다.

명태로 할 수 있는 요리도 참 ⬚㉡⬚. 명태는 살은 물론이고 머리, 꼬리, 내장까지 모두 ❺식재료로 이용됩니다. 살코기는 국이나 찌개로 끓여 먹고, 알과 창자는 각각 명란젓, 창난젓으로 담가 먹습니다. 생태나 동태로는 찌개나 매운탕을 끓여 먹고, 황태로는 황탯국, 황태구이, 황태찜 등으로 조리해 먹고, 북어로는 북엇국이나 북어무침 등을 만들어 먹습니다.

이렇게 우리나라 사람들로부터 사랑받는 국민 생선 명태는 1970년대 이후 ❻어획량이 급격히 줄어들었습니다. 그러다 결국 2008년 이후에는 우리 바다에서 명태를 거의 찾아볼 수 없게 되었습니다. 지금 우리 식탁에 올라오는 명태는 대부분 러시아에서 잡힌 것들입니다. 국산 명태가 사라지자 나라에서는 '명태 살리기 프로젝트'를 하는 등 국산 명태를 ❼대량으로 ❽번식시키기 위해 노력하고 있습니다. 우리 바다에서 국민 생선 명태를 다시 만날 수 있는 날을 기대해 봅니다.

🌟 어휘 풀이

❶ **제사**: 신이나 죽은 사람의 영혼에게 음식을 바쳐 정성을 나타냄. 또는 그런 의식.

❷ **혼례**: 성인 남녀가 법적으로 부부가 됨을 알리는 의식.

❸ **꾸덕꾸덕하게**: 물기 있는 물체의 겉 부분이 좀 마르거나 얼어서 꽤 굳어 있게.

❹ **꿰어**: 구멍을 통해 실이나 끈 등을 한쪽에서 다른 쪽으로 나가게 하여.

❺ **식재료**: 음식의 재료.

❻ **어획량**: 바다나 강에 사는 생물을 잡거나 캐낸 수량.

❼ **대량**: 아주 많은 양.

❽ **번식시키기**: 생물체의 수나 양이 늘어서 많이 퍼지게 하기.

1 

핵심어

이 글의 중심 낱말을 글에서 찾아 **두 글자**로 쓰세요.

241021-0210

(   )

2

내용 이해

이 글에서 설명하는 내용으로 알맞은 것을 고르세요. (   )

241021-0211

① 명태의 수명
② 명태의 먹이
③ 명태의 생긴 모습
④ 명태로 할 수 있는 요리
⑤ 국내산 명태와 러시아산 명태의 차이

3

추론

명태를 국민 생선이라고 부르는 까닭을 알맞게 말한 **두 친구**를 찾아 이름을 쓰세요.

241021-0212

> 소진: 오늘날에도 우리 바다 어디에서든 명태를 쉽게 잡을 수 있고 가격도 싸기 때문이야.
> 태수: 과거 우리나라에서 제사나 혼례 같은 전통 의식에 사용될 만큼 중요한 생선이었기 때문이야.
> 현성: 다양한 방식으로 요리하여 우리나라 밥상에 꾸준히 올라올 정도로 사람들이 명태를 좋아하기
> 때문이야.

(,   )

4 

내용 이해

명태의 식재료로 쓸 수 있는 부분이 **아닌** 것을 고르세요. (   )

241021-0213

① 머리   ② 꼬리   ③ 내장
④ 살코기   ⑤ 지느러미

내용 이해

5 241021-0214

㉠에 대한 설명으로 알맞은 것을 고르세요. (　　　)

① 생태: 꽁꽁 얼린 상태의 명태.
② 북어: 새끼 명태를 바싹 말린 것.
③ 코다리: 갓 잡은 싱싱한 상태의 명태.
④ 동태: 코에 꿰어 반건조 상태로 만든 명태.
⑤ 황태: 얼렸다 녹이기를 반복해 노랗게 말린 명태.

추론

6 241021-0215

㉡에 들어갈 말로 알맞은 것에 ○표를 하세요.

> 많습니다 / 적습니다

비교

7 241021-0216

과거와 오늘날의 명태를 비교한 내용으로 가장 알맞은 것의 기호를 쓰세요.

> ㉮ 과거에는 명태로 할 수 있는 요리의 종류가 적었지만, 오늘날에는 많아졌다.
> ㉯ 과거에는 우리 바다에서 명태가 많이 잡혔지만, 오늘날에는 거의 잡히지 않는다.
> ㉰ 과거에는 우리나라 사람들이 명태를 많이 먹었지만, 오늘날에는 거의 먹지 않는다.

(　　　　　　)

적용

8 241021-0217

다음 장면에서 엄마가 요리에 사용한 명태를 부르는 이름을 글에서 찾아 쓰세요.

(　　　　　　)

어휘 문제

1
241021-0218

낱말과 그 낱말의 뜻을 알맞게 선으로 이으세요.

(1) 제사 •

(2) 혼례 •

• ① 성인 남녀가 법적으로 부부가 됨을 알리는 의식.

• ② 신이나 죽은 사람의 영혼에게 음식을 바쳐 정성을 나타냄. 또는 그런 의식.

2
241021-0219

다음 문장의 빈칸에 들어갈 말을 **보기**에서 골라 써넣으세요.

보기 대량   어획량

(1) 엄마는 친구들과 나누어 먹으라고 과자를 (   )으로 샀다.
(2) 이번에 잡은 물고기의 (   )이 지난번에 잡은 것에 비해 늘었다.

3
241021-0220

다음 뜻을 가진 낱말로 알맞은 것에 ○표를 하세요.

> 물기 있는 물체의 겉 부분이 좀 마르거나 얼어서 꽤 굳어 있다.

(1) 끄덕끄덕하다 (   )   (2) 꾸덕꾸덕하다 (   )

 **글의 구조 파악하기**

글을 읽고 내용을 정리한 표입니다. 빈칸에 알맞은 말을 **보기**에서 골라 써넣으세요.

보기 명태   요리   노가리   코다리

국민 생선, (①)	
명태 이름	**명태 (④)**
• 생태: 갓 잡은 싱싱한 명태. • 동태: 꽁꽁 얼린 명태. • (②): 반건조 상태로 말린 명태. • 북어: 바싹 말린 명태. • 황태: 얼렸다 녹이며 노랗게 말린 명태. • (③): 바싹 말린 새끼 명태.	• 식재료: 살, 머리, 꼬리, 내장 • 살코기는 국이나 찌개로, 알과 창자는 각각 명란젓, 창난젓으로 이용됨. • 국, 찌개, 매운탕, 찜, 구이, 무침 등으로 조리해 먹음.
최근에 사라진 국산 명태를 되살리기 위한 노력	

❀ 공부한 낱말들의 뜻을 떠올려 보면서 다음 십자말 풀이를 완성해 보세요. 괄호 안의 첫소리를 참조하여 찾아보세요.

가로 열쇠

① 생각이나 말 등이 서로 통함. (ㅇㅅㅅㅌ)
② 청동기 시대에 돌을 괴어 만든 무덤. (ㄱㅇㄷ)
③ 공공 기관이나 단체, 개인 등이 어떤 것을 특별한 자격이나 가치가 있는 것으로 정함. (ㅈㅈ)
④ 생물체의 수나 양이 늘어서 많이 퍼짐. (ㅂㅅ)
⑤ 어떤 문제를 해결하기 위해 서로 생각을 주고받으면서 의견을 나누는 것. (ㅌㅇ)
⑥ 계절이 바뀌는 시기. (ㅎㅈㄱ)

세로 열쇠

❶ 신이나 죽은 사람의 영혼에게 음식을 바쳐 정성을 나타냄. 또는 그런 의식. (ㅈㅅ)
❷ 어떤 것이 확실하다고 여기거나 받아들임. (ㅇㅈ)
❸ 물건의 밑바닥에 받쳐 놓는 돌. (ㅂㅊㄷ)
❹ 음식의 재료. (ㅅㅈㄹ)
❺ 원시 시대에 쓰던, 흙으로 만든 그릇. (ㅌㄱ)
❻ 같은 의견을 가짐. (ㄷㅇ)

어휘 목록

어휘	쪽	어휘	쪽	어휘	쪽
ㄱ 갈래	64	번식시키기	90	전신	86
감정	38	범죄	42	정자	8
강도	46	벼슬아치	8	제사	90
겨루는	16	변질되기	16	조합하여	64
경전	12	볏	74	존중하고	38
고대	16	부피	60	종목	16
고르게	12	부화한	74	좌우	52
고유한	34	분류하여	64	주둥이	74
공공시설	42	분리해	12	증상	86
관계없이	60	비난하거나	38	지명	8
광택	34	비용	42	지속적	46
구비되어	68	비치된	64	지정했습니다	82
구성하는	20			지혜롭게	38
규칙적	46	ㅅ 삯	24	진동하면서	20
금액	42	살림	42	짓이기면	12
깃털	74	삶	24	짜임	24
꽁지깃	74	상대적	56	짝짓기	74
꾸덕꾸덕하게	90	상업	52		
꿰어	90	상태	60	ㅊ 차례	24
		석기	82	차지하고	34
ㄴ 뇌물	16	설득하려는	78	차지하는	60
		섬세한	52	착용해야	68
ㄷ 다양성	56	섬유	12	청동기	82
대개	20	성분	52	충격	34
대량	90	성질	34, 60	취업	56
대여하고	68	소달구지	30	친족	56
독립하는	56	손주	56	침략	42
동의한다면	78	솜털	74		
따서	8	승패	78	ㅋ 켜거나	20
따지고	78	식재료	90		
뗏목	30	싣습니다	24	ㅌ 타서	20
				탄력	34
ㅁ 맞대고	78	ㅇ 안정시키다	82	토기	82
매장	30	압력	52	퉁겨서	20
면역력	86	어휘량	90		
명예	16	여객선	30	ㅍ 풍습	8
모양	60	연료	30		
무렵	16	운영하고	68	ㅎ 해당하지	64
무리하게	46	유네스코	82	해소	68
		유래	8	행차	8
ㅂ 바람	38	유물	82	허약하거나	46
바이러스	86	음정	20	형태	60
반납하는	68	의사소통	78	호흡	46
반발하는	52	인공 지능	30	혼례	90
발	12	인정하여	82	환절기	86
방치하면	68	입양한	56	회의	78
배려하면서	38			효과	46
배열합니다	64	ㅈ 자율 주행 자동차	30	흡수하고	34
백신	86	재난	42		

초등부터 EBS

✤ 초등 국어 어휘 베스트셀러 ✤

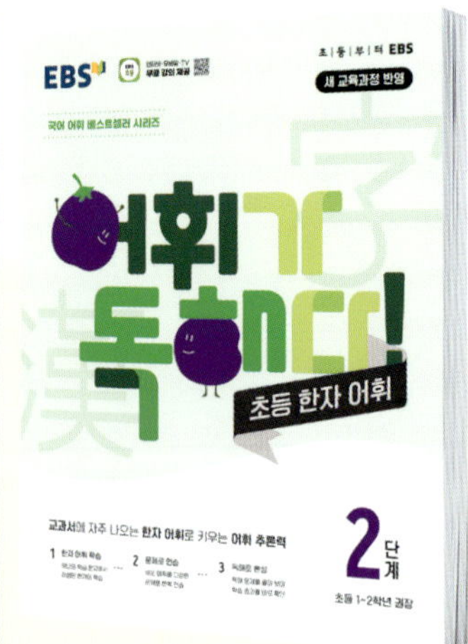

초등 국어 어휘

—— 1~6단계 ——

초등 한자 어휘

—— 1~4단계 ——

그 중요성이 이미 입증된 어휘력,
이제 확장하고 추가해서 **학습 기본기를 더 탄탄하게!**

전체 영역	'초등 국어 어휘' 영역	NEW '초등 한자 어휘' 영역
★★★ 새 교육과정/교과서 반영으로 더 앞서가도록	1~6단계로 확장 개편해서 더 빈틈없도록	한자 어휘 영역도 추가해서 더 풍부하도록

'초등 국어 어휘'는 학년별 새 교육과정 적용 시기에 따라 순차 발간

 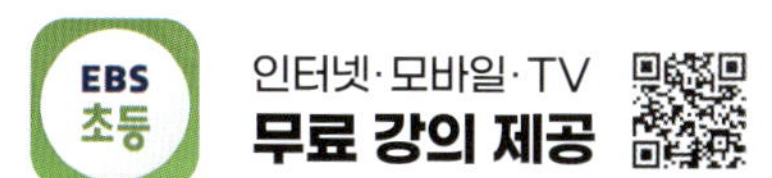

초 | 등 | 부 | 터 EBS

새 교육과정 반영

초등 4주 완성 독해력

3 단계

초등 3~4학년 권장

하루 **4**쪽, **20**일 동안 읽고 익히고 쓰면서 완성하는 종합 독해력!

정답과 해설

4주 완성 독해력

3 단계

초등 3~4학년 권장

정답과 해설

1일 우리 고장의 이름이 생긴 까닭은? 8~11쪽

1 지명 **2** ⑤ **3** 서유 **4** (1) ○ (3) ○ **5** 예 북한강과 남한강의 두 물줄기가 만나는 곳이다. **6** (1) – ② (2) – ③ (3) – ① **7** (1) ㉣, ㉕ (2) ㉚, ㉣ (3) ㉠, ㉙ **8** ⑤

⚠ 어휘 문제 **1** (1) – ② (2) – ① **2** (1) 풍습 (2) 지명 **3** (2) ○

☑ 글의 구조 파악하기
① 유래 ② 역사 ③ 생활 모습 ④ 자연환경

1 '마을이나 지방, 지역의 이름.'을 뜻하는 낱말은 '지명'입니다.

2 이 글에서 고장의 이름을 통해 오늘날 사람들이 좋아하는 음식을 알 수 있다는 내용은 나와 있지 않습니다.

3 조선 시대에는 평민들이 양반이 지나갈 때까지 엎드려 있어야 했다는 내용이 나타나 있습니다.

4 기와를 굽는 것, 먼 길을 오가던 말에게 죽을 끓여 먹이는 것은 옛날 사람들의 생활 모습입니다.

5 '두물머리'는 북한강과 남한강의 두 물줄기가 만나는 곳이라 해서 붙은 이름입니다.

6 (1) 오래된 탑이라는 뜻의 '고탑'을 붙여 고탑마을이라고 이름을 붙일 수 있습니다.
(2) '–배기'는 그것이 들어 있거나 차 있다는 뜻을 더해 주는 낱말입니다. '장승'에 '–배기'를 붙여 장승이 있는 곳이라는 뜻을 지닌 이름을 붙일 수 있습니다.
(3) 밤나무가 많은 지역이므로 '밤나무'를 지명에 넣을 수 있습니다.

7 (1) 고장의 역사에서 이름이 유래한 것은 낙성대동, 압구정동입니다.
(2) 고장의 자연환경에서 이름이 유래한 것은 얼음골, 하회마을입니다.
(3) 고장에 살던 옛날 사람들의 생활 모습에서 고장의 이름을 따온 것은 피맛골, 서빙고동입니다.

8 이 글은 고장의 이름이 고장의 역사와 자연환경, 사람들의 생활 모습을 담고 있다는 내용을 설명하고 있습니다.

어휘 문제

1 (1) '정자'는 '경치가 좋은 곳에 놀거나 쉬기 위하여 지은 집.'이라는 뜻입니다.
(2) '유래'는 '사물이나 일이 생겨남.'이라는 뜻입니다.

2 (1) '풍습'은 '풍속과 습관.'이라는 뜻입니다.
(2) '지명'은 '마을이나 지방, 지역 등의 이름.'이라는 뜻입니다.

3 '벼슬아치'는 '관청에 나가서 나랏일을 맡아보는 사람.'을 뜻합니다.

글의 구조 파악하기

이 글은 고장 이름의 유래를 고장의 역사, 고장의 생활 모습, 고장의 자연환경으로 나누어 설명하는 글입니다.

2일 닥나무가 종이가 되기까지 12~15쪽

1 한지 **2** ② **3** 닥종이 **4** 짓이기면 **5** ⑤ **6** ㉣, ㉕, ㉠, ㉚, ㉙ **7** (1) – ① (2) – ③ (3) – ② **8** 용희, 수호

⚠ 어휘 문제 **1** (1) – ① (2) – ② **2** (1) 분리해 (2) 고르게 **3** (1) ○

☑ 글의 구조 파악하기
① 한지 ② 닥나무 ③ 틀

1 우리나라의 전통 종이는 한지입니다.

2 한지는 닥나무의 속껍질을 이용하여 만듭니다.

3 한지는 닥나무의 껍질을 벗겨 만들기 때문에 '닥종이'라고도 부릅니다.

4 '으깨면'은 '억센 물건을 두드리거나 짓이겨 부드럽게 하면.', '짓이기면'은 '함부로 세게 눌러 찧거나 두드려 잘게 만들면.'이라는 뜻입니다.

5 틀을 사방으로 흔드는 것은 대나무 발 위에 종이가 덩어리지지 않도록 하기 위한 것입니다.

6 한지를 만들 때에는 닥나무를 쪄서 속껍질을 분리하고, 잿물에 닥나무 속껍질을 넣어 푹 삶아 닥섬유를 만듭니다. 그리고 닥섬유와 닥풀을 물에 넣고 잘 섞습니다. 닥풀과 닥섬유가 섞인 물에 대나무 발을 넣어 종이를 떠내고 물기를 빼고 빗자루로 쓸어서 말립니다.

7 (1) 종이를 촘촘하게 하기 위해 두드립니다.
(2) 닥풀과 닥섬유를 섞어 종이가 엉키지 않게 합니다.
(3) 닥나무를 찜통에 쪄서 껍질을 부드럽게 만들어 속껍질을 분리합니다.

8 닥나무의 속껍질은 섬유의 길이가 길어서 종이를 만들기에 적합하다고 하였습니다.

1 (1) '경전'은 '종교의 원리와 가르침을 적은 책.'이라는 뜻입니다.

(2) '섬유'는 '생물체의 몸을 이루는 가늘고 긴 실 모양의 물질.'이라는 뜻입니다.

2 (1) '분리해'는 '서로 나뉘어 떨어지게 해.'라는 뜻입니다.

(2) '고르게'는 '높낮이, 크기, 모양 등이 차이가 없이 한결같게. 가지런하게.'라는 뜻입니다.

3 '발'은 '갈대나 가늘게 쪼갠 대나무 등을 엮거나, 줄 등을 여러 가닥 나란히 늘어뜨려 만들어 무엇을 가리는 데 쓰는 물건.'입니다.

글의 구조 파악하기

이 글은 한지를 만드는 재료와 한지를 만드는 방법을 설명하는 글입니다.

5 (1) 기원전 776년 제우스 신을 위한 첫 올림픽 경기가 열렸습니다.

(2) 4세기 무렵 그리스를 지배하던 로마가 기독교를 받아들이며 올림픽이 금지되었습니다.

(3) 1896년 그리스의 아테네에서 올림픽이 열렸습니다.

6 '변질'은 '본래의 성격과 다르게 변함.'이라는 뜻입니다.

7 프랑스의 쿠베르탱은 오늘날의 올림픽이 되살아나는 데 중요한 역할을 하였습니다.

8 오늘날의 올림픽이 처음으로 열린 곳은 그리스의 아테네입니다.

1 (1) '명예'는 '세상으로부터 훌륭하다고 평가되고 인정되는 이름.'이라는 뜻입니다.

(2) '종목'은 '여러 가지 종류에 따라 나눈 항목.'이라는 뜻입니다.

2 (1) '고대'는 '옛 시대.'라는 뜻입니다.

(2) '무렵'은 '어떤 시기와 대략 일치하는 때.'라는 뜻입니다.

3 '겨루는'은 '누가 힘이 더 센지, 누가 더 뛰어난지 드러나도록 싸우는.'이라는 뜻입니다.

글의 구조 파악하기

이 글은 올림픽의 역사에 대해 시간의 순서대로 설명하는 글입니다.

3일 올림픽은 어떻게 시작 되었을까요? 16~19쪽

1 올림픽 **2** (1) ㉮ (2) ㉯, ㉰, ㉱, ㉲ **3** ③ **4** ⑤
5 (1) – ③ (2) – ② (3) – ① **6** ④ **7** 쿠베르탱
8 (1) ○ (2) × (3) ○

어휘 문제 1 (1) – ② (2) – ① **2** (1) 고대 (2) 무렵
3 (2) ○

글의 구조 파악하기
① 고대 ② 종목 ③ 변질된 ④ 겨루는

---

1 '올림픽'은 '올림피아'에서 제우스 신을 위한 제사를 지낸 후 운동 경기를 하던 것에서 시작된 것으로, 전 세계의 운동선수가 참여하는 스포츠 축제입니다.

2 처음의 올림픽에는 달리기만 있었습니다. 점차 멀리뛰기, 창던지기, 원반던지기, 전차 경주 등의 종목이 늘어났습니다.

3 고대 그리스에서 열린 올림픽에서 우승한 선수는 올리브 잎과 가지로 만든 관, 상금이 주어졌고 사람들의 존경을 받고 큰 명예를 얻을 수 있었습니다.

4 뒷부분에 '스포츠를 강조하였습니다.'라는 내용이 나오므로 '몸을 강하게 만드는 것'이 가장 알맞습니다.

4일 다양한 악기들 20~23쪽

1 관현악 **2** (1) ㉮, ㉲ (2) ㉯, ㉰ (3) ㉱, ㉲ **3** ① **4** (1) ○
5 (1) 나무로 만든 (2) 쇠붙이로 만든 **6** (1) – ① (2) – ③
(3) – ② **7** (1) 타악기 (2) 현악기 (3) 관악기 **8** (2) ○

어휘 문제 1 (1) – ② (2) – ① **2** (1) 켜거나 (2) 대개
3 (1) ○

글의 구조 파악하기
① 관현악단 ② 현악기 ③ 관악기 ④ 타악기

1 '관현악'은 여러 악기가 함께 어우러져 연주하는 음악을 말합니다.

2 (1) 첼로와 바이올린은 현악기입니다.
(2) 플루트와 오보에는 관악기입니다.
(3) 실로폰과 팀파니는 타악기입니다.

3 관현악단을 구성하는 악기는 연주하는 음악에 따라 달라질 수 있다고 하였습니다.

4 이 글의 제목은 「다양한 악기들」입니다. 이 글에서는 관현악에 사용하는 악기를 현악기, 관악기, 타악기로 나누어 다양한 악기의 종류에 대하여 설명하고 있습니다.

5 플루트와 클라리넷은 나무로 만든 목관악기이고, 트럼펫과 호른은 쇠붙이로 만든 금관악기입니다.

6 (1) 기타는 줄을 손으로 퉁겨서 소리를 내는 악기입니다.
(2) 리코더는 입으로 불어서 소리를 내는 악기입니다.
(3) 탬버린은 손으로 두드려서 소리를 내는 악기입니다.

7 (1) 장구는 손과 채로 두드려서 소리를 내는 타악기입니다.
(2) 가야금은 12개의 줄을 손으로 뜯고 퉁겨서 소리를 내는 현악기입니다.
(3) 단소는 입으로 불어서 소리를 내는 관악기입니다.

8 줄을 켜거나 타는 것, 입으로 부는 것, 두드리는 것은 소리를 내는 방법입니다.

어휘 문제

1 (1) '음정'은 '높이가 다른 두 음 사이의 간격.'이라는 뜻입니다.
(2) '진동'은 '흔들려 움직임.'이라는 뜻입니다.

2 (1) '켜거나'는 '현악기의 줄을 활 따위로 문질러 소리를 내거나.'라는 뜻입니다.
(2) '대개'는 '일반적인 경우에.'라는 뜻입니다.

3 '구성'은 '몇 가지 부분이나 요소들을 모아서 일정한 전체를 짜 이룸.'이라는 뜻입니다.

글의 구조 파악하기

이 글은 관현악단을 구성하는 악기를 현악기, 관악기, 타악기로 나누어 설명하는 글입니다.

5일 국어사전을 이용하는 방법 24~27쪽

1 첫 자음자, 모음자, 받침 **2** ㅁ, ㅏ, ㄹ **3** ③ **4** (1) ○
(2) ○ **5** 차례(순서) **6** 잠자리 **7** 안다, 앉다, 않다 **8** ③

⚠어휘 문제 1 (1) – ② (2) – ① **2** (1) 차례 (2) 짜임
3 (1) ○

☑ 글의 구조 파악하기
① 짜임 ② 첫 자음자 ③ 모음자

---

1 국어사전에서 낱말을 찾을 때에는 낱말의 첫 번째 글자부터 첫 자음자, 모음자, 받침의 차례로 찾습니다.

2 '말'의 첫 자음자는 'ㅁ', 모음자는 'ㅏ', 받침은 'ㄹ'입니다.

3 한글 글자는 '첫 자음자+모음자', 또는 '첫 자음자+모음자+받침'으로 이루어져 있습니다.

4 (1) 자음자의 순서를 살펴보면 'ㄷ'이 'ㅂ'보다 앞에 나옵니다.
(2) 모음자의 순서를 살펴보면 'ㅏ'가 'ㅓ'보다 먼저 나옵니다.

5 국어사전에서 낱말의 뜻을 찾기 위해서는 낱말을 이루는 글자의 차례를 알아야 한다고 하였습니다. 그리고 낱말의 첫 번째 글자부터 첫 자음자, 모음자, 받침의 차례로 찾아보아야 한다고 하였습니다.

6 '잠자리'와 '장난감'의 첫 글자를 살펴보면, 첫 자음자와 모음자가 같습니다. 받침인 'ㅁ'과 'ㅇ' 가운데에서 'ㅁ'이 먼저 나오므로 국어사전에는 '잠자리'가 '장난감'보다 먼저 나옵니다.

7 '안다', '앉다', '않다' 모두 첫 자음자와 모음자가 같습니다. 받침을 비교하면 'ㄴ'이 가장 먼저 나옵니다. 'ㄵ', 'ㄶ'은 앞에 나온 자음자가 'ㄴ'으로 같으므로, 두 번째 자음자의 순서를 살펴보면 'ㅈ'이 'ㅎ'보다 먼저 나옵니다. 따라서 국어사전에는 '안다', '앉다', '않다' 순서로 실리게 됩니다.

8 '업다'와 '없다' 가운데에서는 받침이 하나인 '업다'가 국어사전 앞 순서에 실립니다.

어휘 문제

1 (1) '삯'은 '일을 한 대가로 주는 돈이나 물건.'이라는 뜻입니다.
(2) '삶'은 '사는 일. 또는 살아 있음.'이라는 뜻입니다.

2 (1) '차례'는 '어떤 일을 하거나 어떤 일이 일어나는 순서.'라는 뜻입니다.
(2) '짜임'은 '조직이나 구성.'이라는 뜻입니다.

3 (1) '싣다'는 '글이나 사진 등을 책이나 신문 등에 인쇄하여 내다.'라는 뜻입니다.

이 글은 국어사전에서 낱말을 찾을 때에는 어떤 순서로 낱말을 살펴보아야 하는지에 대해 설명하는 글입니다.

1주 마무리 학습　　　　　28쪽

2주

1일 교통수단의 변화와 우리 삶　　30～33쪽

1 교통수단　**2** ⑤　**3** (1) ㉰, ㉺ (2) ㉮, ㉯, ㉣　**4** ④
5 예 버스를 타고 친구들과 함께 현장 체험 학습을 간다. / 비행기를 타고 해외여행을 간다. / 음식을 주문하면 배달원이 오토바이를 타고 재빨리 집에 가져다준다. / 집에서 가까운 매장(가게)에서 전 세계의 다양한 물건을 살 수 있다.　**6** (2) ○
(3) ○　**7** 은아　**8** ④

어휘 문제 1 (1) – ② (2) – ①　**2** (1) 연료 (2) 매장
　　　　　3 (2) ○

☑ 글의 구조 파악하기
① 오래　② 기계　③ 미래　④ 자율

1 사람들이 이동하거나 물건을 옮기는 데 사용하는 수단은 교통수단입니다.

2 이 글은 옛날, 오늘날, 미래의 교통수단을 설명하고 있고, 오늘날 교통수단의 연료가 석유, 가스, 전기라고 설명하고 있습니다.

3 뗏목, 돛단배는 물에서, 말, 가마, 당나귀는 땅에서 이용한 교통수단입니다.

4 옛날 교통수단은 환경을 오염시키지 않았습니다.

5 오늘날에는 교통수단이 발달하여 생활 모습에도 많은 변화가 생겼습니다.

6 교통이 발달하면 도로가 많아지고 이동이 빨라져서 다른 고장과의 교류가 활발해지고 다른 지역으로 갈 수 있는 길도 많아집니다.

7 옛날 교통수단은 오늘날과 달리 환경을 오염시키지 않았다고 하였으니, 오늘날 교통수단은 환경을 오염시키고 있다는 것을 알 수 있습니다.

8 소와 말은 옛날 사람들이 이용했던 교통수단입니다.

어휘 문제

1 (1) '뗏목'은 '사람이나 물건을 운반할 수 있도록 통나무를 나란히 이어서 만든 것.'을 뜻합니다.
(2) '여객선'은 '사람을 태워 나르기 위한 배.'를 뜻합니다.

2 (1) '연료'는 '기계를 움직이는 에너지를 얻을 수 있는 물질.'을 뜻합니다.
(2) '매장'은 '물건을 파는 곳.'을 뜻합니다.

3 '인공 지능'은 '인간이 지닌 학습 능력이나 언어 이해 능력 등을 컴퓨터 프로그램으로 실현한 기술.'을 뜻합니다.

글의 구조 파악하기

이 글은 옛날, 오늘날, 미래의 교통수단의 종류와 특성을 설명하는 글입니다.

(2) '충격'은 '물체에 급격히 가하여지는 힘.'을 뜻합니다.

3 (1) '다양한'은 '색깔, 모양, 종류, 내용 등이 여러 가지로 많은.'을 뜻하는데, 플라스틱은 다양한 색깔과 모양의 물체를 만들기가 쉬운 물질입니다.

(2) 같은 종류의 물체라도 물체를 이루는 물질에 따라 좋은 점이 달라집니다.

글의 구조 파악하기

이 글은 물질의 뜻과 여러 가지 물질의 종류인 금속, 플라스틱, 나무, 고무, 유리, 종이, 가죽의 성질을 설명하는 글입니다.

2일 다양하게 쓰이는 물질   34~37쪽

1 물질   **2** 금속, 유리, 가죽, 종이   **3** ①, ④   **4** (2) ○
5 (1) 나무 (2) 고무 (3) 플라스틱   **6** ①   **7** 민준   **8** ⑤

▲어휘 문제 **1** (1) ○   **2** (1) 물질 (2) 충격   **3** (1) 다양한
(2) 다르다

☑ 글의 구조 파악하기
① 재료 ② 광택 ③ 나무 ④ 유리

1 물질은 물체를 만드는 재료로, 우리 눈에 보이는 물체는 여러 가지 물질로 이루어져 있습니다.

2 금속, 유리, 가죽, 종이는 물질이고, 그릇, 컵, 인형은 물체입니다.

3 금속은 광택이 있고 나무보다 단단하고 딱딱하고 무겁습니다.

4 플라스틱과 나무는 모두 금속보다 가볍습니다.

5 나무는 책상이나 의자 등의 재료가 됩니다. 고무는 잡아당기면 늘어났다가 놓으면 다시 돌아오는 성질이 있어서 고무줄의 재료로 쓰입니다. 플라스틱은 다양한 모양과 색깔의 물체를 쉽게 만들 수 있어서 장난감 블록 등의 재료로 사용합니다.

6 고무는 쉽게 구부러지는 성질이 있습니다.

7 종이는 잘 찢어지고, 유리는 다른 물체와 부딪치면 잘 깨지는 물질입니다.

8 이 글에는 물체의 뜻과 예, 물질의 뜻과 종류, 여러 가지 물질의 성질을 설명하고 있습니다. 물에 가라앉는 물질의 종류에 대해서는 설명하지 않았습니다.

어휘 문제

1 '고유한'은 '한 사물이나 집단 등이 본래부터 지니고 있는 것으로, 다른 것과 다른.'을 뜻합니다.

2 (1) '물질'은 '물체를 만드는 재료.'를 뜻합니다.

3일 '나는'과 '너는'으로 시작하는 말하기   38~41쪽

1 ②   **2** ㉮, ㉱, ㉯   **3** (3) ○   **4** (1) 나는 (2) 너는
5 예 듣는 사람의 기분이 나쁘지 않게 자신이 하고 싶은 말을 전달할 수 있다.(듣는 사람의 기분을 헤아리면서 자신이 바라는 점을 이야기할 수 있다.) / 친구들과 행복한 대화를 나눌 수 있다. / 친구들과 다투지 않고 좋은 관계를 유지할 수 있다. / 문제가 생겼을 때 지혜롭게 해결할 수 있다.   **6** ①   **7** (1) 사실 (2) 감정(감정이나 생각)   **8** 예 앞으로는 복도에서는 뛰지 않았으면 좋겠어.

▲어휘 문제 **1** (1) – ② (2) – ①   **2** (1) 존중 (2) 배려
3 (1) ○

☑ 글의 구조 파악하기
① 대화 ② 너는 ③ 감정(감정이나 생각)

1 이 글은 말하기의 두 가지 방법을 소개하면서 '나는'으로 시작하는 말하기가 중요함을 알려 주고 있습니다.

2 '나는'으로 시작하는 말하기를 할 때에는 '사실 → 감정 → 바람'의 순서로 말합니다.

3 '너는'으로 시작하는 말하기는 듣는 사람의 실수나 잘못을 비난하는 것처럼 들릴 수 있습니다.

4 '나는'으로 시작하는 말하기는 자신의 감정을 솔직하게 이야기하여 다툼을 예방할 수 있고, '너는'으로 시작하는 말하기는 다른 사람을 비난하여 다툼을 일으킬 수 있습니다.

5 '나는'으로 시작하는 말하기는 듣는 사람의 감정을 헤아리면서 자신의 감정이나 바람을 솔직하게 이야기할 수 있어서 행복한 대화를 나누고 상대와 좋은 관계를 유지하는 데 도움이 됩니다.

6 ㉠은 상대를 비난하는 말하기이므로 듣는 사람은 자신을 나무라는 것 같아 기분이 나빠질 수 있습니다.

7 ㉡에는 상대의 행동을 사실 그대로 말했다는 내용이 들어가야 하고, ㉢에는 그 사실에 대한 자신의 감정이나 생각을 솔직하게 표현했다는 내용이 들어가야 합니다.

8 빈칸에는 '나는'으로 시작하는 말하기의 3단계 가운데 마지막 단계인 상대에 대한 나의 '바람'이 들어가야 합니다.

어휘 문제

1 (1) '바람'은 '어떤 일이 생각한 대로 이루어지기를 바라는 마음.'을 뜻합니다.
(2) '감정'은 '일이나 대상에 대하여 마음에 일어나는 느낌이나 기분.'을 뜻합니다.

2 (1) '존중'은 '의견이나 사람을 높이어 귀중하게 여기는 것.'을 뜻합니다.
(2) '배려'는 '관심을 가지고 보살펴 주거나 도와주는 것.'을 뜻합니다.

3 '비난하다'는 '다른 사람의 잘못이나 결점에 대하여 나쁘게 말하다.'를, '반대하다'는 '어떤 행동이나 의견 등에 따르지 않고 거스르다.'를 뜻합니다.

글의 구조 파악하기

이 글은 대화의 두 가지 방법인 '나는'으로 시작하는 말하기와 '너는'으로 시작하는 말하기, '나는'으로 시작하는 말하기의 장점을 알려 주는 글입니다.

4일 세금에 대해 알아보아요 42~45쪽

1 세금 **2** (1) ○ (2) ○ **3** ④ **4** (1) 부가 가치세 (2) 소득세 **5** 예 세금을 내는 것 **6** ③ **7** ③ **8** 선화, 이지

어휘 문제 1 (1) – ② (2) – ① **2** (1) 침략 (2) 재난
3 (2) ○

✓ 글의 구조 파악하기
① 법 ② 쓰임 ③ 물건값 ④ 소득세

---

1 세금은 정부가 나라 사람을 꾸려 가는 데 필요한 돈으로, 모든 국민이 법에 따라 내야 할 의무가 있습니다.

2 세금이란 정부가 나라 사람을 할 수 있도록 국민이 법에 따라 내는 돈을 뜻하고, 세금은 모든 국민이 내야 한다는 내용이 나와 있습니다.

3 나라에서 세금을 가지고 모든 국민이 살아갈 집을 제공한다는 내용은 나와 있지 않습니다.

4 부가 가치세는 우리가 사서 쓰는 물건의 가격 속에 포함되어 있는 세금이고, 소득세는 사업이나 직장 생활로 소득이 있는 사람이 내는 세금입니다.

5 '납세'의 뜻은 '세금을 냄.'입니다.

6 물건값 1,100원에서 100원이 부가 가치세이므로, 1,100원짜리 아이스크림을 3개 사면 부가 가치세로 300원을 내야 합니다.

7 세금으로 하는 일과 관련된 직업을 떠올려 보면, 모든 국민이 교육을 받을 수 있게 하는 것은 교사가 하고, 다른 나라의 침략을 막는 것은 군인이 하고, 범죄로부터 국민을 보호하는 것은 경찰관이 하고, 재난으로부터 국민을 지키는 것은 소방관이 한다는 것을 짐작할 수 있습니다.

8 선화가 말한 것처럼 물건값에는 부가 가치세가 포함되어 있으며, 이지가 말한 것처럼 소득의 크기에 따라 내는 세금의 크기도 달라집니다.

어휘 문제

1 (1) '비용'은 '어떤 일을 하는 데 드는 돈.'을 뜻합니다.
(2) '금액'은 '돈의 액수.'를 뜻합니다.

2 (1) '침략'은 '정당한 이유 없이 남의 나라에 쳐들어가는 것.'을 뜻합니다.
(2) '재난'은 '뜻하지 않게 일어난 불행한 사고나 고난.'을 뜻합니다.

3 '공공시설'은 '도로, 병원, 공원 등 국가나 공공 단체가 여러 사람의 편의나 복지를 위하여 설치한 시설.'을 뜻합니다.

글의 구조 파악하기

이 글은 세금의 뜻, 세금의 쓰임, 세금을 내는 사람, 세금의 종류 등을 설명하는 글입니다.

5일 걷기 운동, 어떻게 할까요? 46~49쪽

1 걷기 **2** ① **3** ㉮ → ㉰ → ㉯ **4** (1) ○ (3) ○
5 정혜 **6** (1) 규칙적 (2) 지속적 **7** ⑤ **8** (1) 3 (2) 30

어휘 문제 1 (1) – ② (2) – ① **2** (1) 효과 (2) 강도
　　　　　 3 (1) 허약하여 (2) 무리하게

☑ **글의 구조 파악하기**
① 걷기 ② 자세 ③ 발바닥 ④ 규칙적

1 이 글은 걷기 운동을 할 때의 올바른 자세와 걷기 운동의 방
법을 설명하는 글입니다.

2 걸을 때에는 고개를 숙이지 말고 몸을 바로 세우고 어깨와
가슴을 폅니다.

3 땅에 발을 디딜 때에는 발뒤꿈치가 먼저 닿고 그다음 발바닥
전체가 닿고 마지막으로 발의 앞 끝이 들려야 합니다.

4 운동 부족으로 몸이 허약하거나 살이 쪄서 고민인 친구에게
걷기 운동을 권유하고 있습니다.

5 걷기가 운동이 되려면 평소 걷는 것에 비해 속도를 높여서
조금 빨리 걸어야 합니다. 팔을 세게 흔들거나 다리를 넓게
벌리는 것은 좋지 않습니다.

6 걷기 운동을 할 때에는 정해진 날짜나 시간에 맞춰 규칙적으
로 하고, 중간에 멈추지 말고 지속적으로 해야 합니다.

7 걷기 운동의 효과는 천천히 나타나는데, 최소 두 달 정도는
걸어야 나타납니다.

8 주희는 처음으로 걷기 운동을 하는 것이므로 일주일에 3번,
30분 이상 걷기부터 시작하는 것이 좋습니다.

어휘 문제

1 (1) '규칙적'은 '일정한 질서가 있거나 규칙을 따르는 것.'을
뜻합니다.
(2) '지속적'은 '어떤 일이나 상태가 오래 계속되는 것.'을 뜻합
니다.

2 (1) '효과'는 '어떤 것을 하여 얻어지는 좋은 결과.'를 뜻합
니다.
(2) '강도'는 '세기가 강한 정도.'를 뜻합니다.

3 (1) '허약하여'는 '힘이나 기운이 없고 약하여.', '튼튼하여'는
'사람의 뼈, 이 따위가 단단하고 굳세거나, 병에 잘 걸리
지 아니하는 힘을 가지고 있어.'라는 뜻의 낱말입니다.
(2) '무리하게'는 '정도가 지나쳐서 적당한 범위에서 벗어나
게.', '적절하게'는 '아주 딱 알맞게.'라는 뜻의 낱말입
니다.

2주 마무리 학습 50쪽

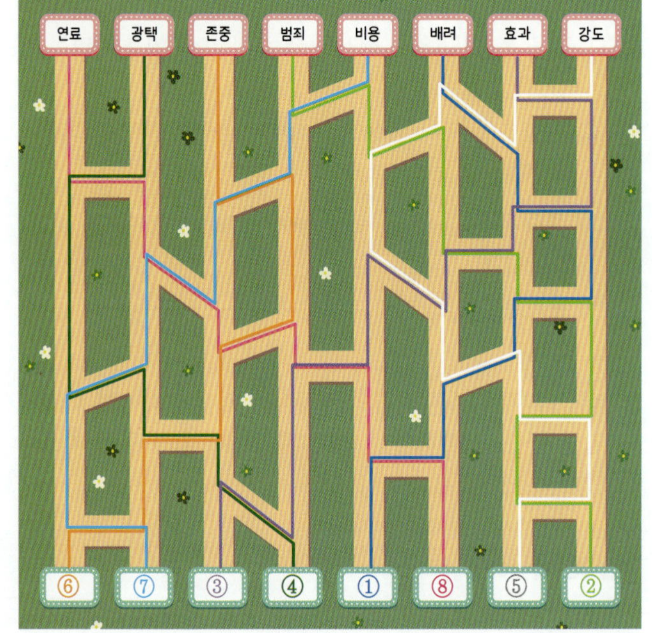

1일 판화의 세계   52~55쪽

1 판화 **2** (1) – ④ (2) – ③ (3) – ② (4) – ① **3** (2) ○
4 ② **5** ④ **6** 공판화 **7** ③ **8** 형태

⚠ **어휘 문제 1** (1) – ① (2) – ② **2** (1) 상업 (2) 압력
      3 (2) ○

☑ **글의 구조 파악하기**
① 종류 ② 압력 ③ 반발

1 판을 이용하여 찍어내는 그림을 판화라고 합니다.

2 (1) 볼록 판화는 판의 볼록한 부분에 잉크를 묻혀 찍어내는 그림입니다.
  (2) 오목 판화는 판의 오목한 부분에 잉크를 묻혀 찍어내는 그림입니다.
  (3) 평판화는 물과 기름이 섞이지 않는 원리를 이용한 그림입니다.
  (4) 공판화는 판에 구멍을 뚫어 잉크를 넣어 찍어내는 그림입니다.

3 판에서 파인 부분에 잉크를 밀어 넣어 찍는 형태의 그림이므로 오목 판화입니다.

4 '섞이지 않는'과 바꾸어 쓸 수 있는 낱말은 '반발하는'으로, '어떤 상태나 행동 등에 대하여 반대하는.'이라는 뜻입니다.

5 공판화는 다른 판화들과 다르게 그림의 좌우가 바뀌지 않는다고 하였으므로, 볼록 판화, 오목 판화, 평판화는 그림의 좌우가 바뀌어 찍힌다는 것을 알 수 있습니다.

6 판에 구멍을 뚫고 그 구멍으로 물감을 찍는 형태의 판화는 공판화입니다.

7 평판화에서는 기름 성분을 가진 크레파스나 물감으로 그림을 그리고, 그 위에 물을 바릅니다. 그림이 아닌 곳에만 물이 묻게 되고, 그 위에 기름 성분을 가진 잉크를 묻히면 물이 묻지 않은 그림 부분에만 잉크가 묻게 됩니다.

8 판의 형태에 따라 판화를 네 가지로 구분한다고 하였습니다.

어휘 문제

1 (1) '섬세한'은 '매우 세밀하고 정확한.'이라는 뜻입니다.
  (2) '반발하는'은 '어떤 상태나 행동 등에 대하여 반대하는.'이라는 뜻입니다.

2 (1) '상업'은 '이익을 얻기 위한 목적으로 상품을 사고파는 경제 활동.'이라는 뜻입니다.

  (2) '압력'은 '누르는 힘.'이라는 뜻입니다.

3 '성분'은 '화합물이나 혼합물을 구성하는 각각의 원소나 물질.'이라는 뜻입니다.

글의 구조 파악하기

이 글은 판화의 종류를 네 가지로 나누어 각각의 판화에 대해 설명하는 글입니다.

2일 살아가는 모습이 다양해요   56~59쪽

1 가족 **2** (2) ○ **3** (1) ㉯, ㉱ (2) ㉮, ㉣ **4** 친족
5 ②, ⑤ **6** ③ **7** ② **8** 예 가족의 다양성을 인정하고 존중해야 한다.

⚠ **어휘 문제 1** (1) – ② (2) – ① **2** (1) 다양성 (2) 손주
      3 (1) ○

☑ **글의 구조 파악하기**
① 가족 ② 핵가족 ③ 형태 ④ 역할

1 '주로 부부를 중심으로 한, 친족 관계에 있는 사람들의 집단. 또는 그 구성원을 가리키는 말.'은 '가족'입니다.

2 이 글에서는 오늘날의 다양한 형태의 가족에 대해 이야기하고 있습니다.

3 (1) 확대 가족은 옛날에 많이 볼 수 있었던 가족 형태로, 식구가 많은 편입니다.
  (2) 핵가족은 오늘날 많아진 가족 형태로, 식구가 적은 편입니다.

4 '친족'은 '촌수가 가까운 일가.'를 뜻하는 낱말입니다.

5 오늘날에는 개인 생활을 위해 독립하기도 하고, 자녀 교육을 위해 다른 지역으로 이동하기도 하며 핵가족이 많아졌습니다.

6 오늘날 가족 구성원들은 상황에 따라 역할을 바꾸기도 합니다.

7 여성들은 옛날에 비해 교육을 받을 기회가 늘어나고 사회에서 다양한 활동을 하게 되었습니다.

8 오늘날 우리 사회에는 다양한 가족이 여러 모습으로 함께 살아가고 있으므로, 가족의 다양성을 인정하고 존중해야 한다고 하였습니다.

1 (1) '독립'은 '다른 것에 예속하거나 의존하지 아니하는 상태.'
라는 뜻입니다.

(2) '취업'은 '일정한 직업을 잡아 직장에 나감.'이라는 뜻입니다.

2 (1) '다양성'은 '모양, 색, 구성 등이 여러 가지 많은 특성.'이
라는 뜻입니다.

(2) '손주'는 '손녀와 손자를 아울러 이르는 말.'이라는 뜻입니다.

3 '상대적'은 '서로 맞서거나 비교되는 관계에 있는 것.'이라는
뜻입니다.

글의 구조 파악하기

이 글은 오늘날의 다양한 가족이 등장하게 된 까닭과 여러 가족
의 형태에 대해 소개하는 글입니다.

---

1 (1) '부피'는 '넓이와 높이를 가진 물건이 공간에서 차지하는
크기.'라는 뜻입니다.

(2) '성질'은 '사물이나 현상이 가지고 있는 고유의 특징.'이라
는 뜻입니다.

2 (1) '모양'은 '겉으로 나타나는 생김새나 모습.'이라는 뜻입니다.

(2) '상태'는 '사물이나 현상이 놓여 있는 모양이나 형편.'이라
는 뜻입니다.

3 '차지하는'은 '사물이나 공간, 지위 따위를 자기 몫으로 가지
는.'이라는 뜻입니다.

글의 구조 파악하기

이 글은 물질의 상태를 고체, 액체, 기체로 나누어 각각의 성질
을 설명하는 글입니다.

3일 고체, 액체, 그리고 기체 60~63쪽

1 ⑤　**2** (3) ○　**3** ④　**4** (1) 예 달라지지만 / 달라지고 / 변
하고　(2) 예 같습니다 / 달라지지 않습니다.　**5** 기체　**6** 공
기　**7** ①　**8** (1) ○

▲어휘 문제 **1** (1) – ② (2) – ①　**2** (1) 모양 (2) 상태
　3 (2) ○

☑ 글의 구조 파악하기
① 상태　② 고체　③ 액체　④ 기체

---

1 이 글은 고체, 액체, 기체의 성질에 대해 설명하는 글입니다.

2 자갈은 고체라서 눈으로 볼 수 있고, 손으로 잡을 수 있고 흐
르지 않습니다. 물은 액체라서 눈으로 볼 수 있고, 흐르는 성
질이 있고, 손으로 잡을 수 없습니다.

3 주스는 액체입니다.

4 같은 양의 물을 모양이 다른 그릇에 옮겨 담으면 모양은 달
라지지만 부피는 같습니다.

5 그릇에 따라 모양과 부피가 변하고, 담긴 그릇을 항상 가득
채우는 물질의 상태를 기체라고 합니다.

6 공기는 기체입니다.

7 물이 얼음이 되는 것은 액체가 고체로 변하는 것으로, 기체
가 항상 우리 주변에 있는 것과 관련이 없는 내용입니다.

8 풍선으로 다양한 모양을 만들 수 있는 것은 공기가 담는 그
릇에 따라 모양이 달라지기 때문입니다.

4일 도서관에서 책을 찾아요 64~67쪽

1 청구 기호　**2** ④　**3** (1) – ① (2) – ②　**4** 분류
5 (1) ④, ⑤ (2) ㉮, ㉣　**6** 민정　**7** (2) ○　**8** ③ → ① → ②

▲어휘 문제 **1** (1) – ① (2) – ②　**2** (1) 비치된 (2) 해당하는
　3 (1) ○

☑ 글의 구조 파악하기
① 조합　② 주제　③ 배열

---

1 도서관에서 책을 분류하기 위해 숫자와 한글을 조합하여 만
든 책의 고유한 기호를 '청구 기호'라고 합니다.

2 이 글에서는 도서관에서 책을 분류하는 방법인 청구 기호를
안내하며, 도서관에서 책을 쉽게 찾는 방법에 대해 설명하고
있습니다.

3 '분류 번호'는 책의 주제를 알려 주는 세 자리 숫자이고, '도서
기호'는 작가 이름과 책 제목을 조합하여 만든 기호입니다.

4 '분류'는 '여럿을 종류에 따라 나눔.'이라는 뜻입니다.

5 (1) 400은 '자연 과학'을 주제로 하는 책입니다. 『땅에서 사는
동물』, 『바닷속에는 누가 살까요?』는 동물에 대해 설명한
책으로 자연 과학에 해당하는 주제의 책입니다.

(2) 900은 '역사'를 주제로 하는 책입니다. 『세종대왕』은 역사
적인 인물에 대한 책이고, 『역사책에서 만나는 독도』는
주제가 역사에 해당하는 책입니다.

6 ㉮의 청구 기호를 살펴보면, 예술을 주제로 하는 책이고, 작가는 김씨, 책 제목은 'ㅅ'으로 시작한다는 것을 알 수 있습니다. ㉯의 청구 기호를 살펴보면, 언어를 주제로 하는 책이고, 작가의 성은 '이', 책 제목은 'ㅇ'으로 시작한다는 것을 알 수 있습니다. 도서관에서는 주제에 따라 다른 책장이나 칸에 책을 분류합니다.

7 810은 한국 작가의 작품이고 끝자리가 1인 것은 시를 나타내므로 한국 작가의 동시집은 811에 있습니다. 820은 중국 작가의 작품입니다.

8 분류 번호가 가장 작은 ③을 책장에 가장 먼저 꽂습니다. 그리고 ①과 ②는 분류 번호와 작가의 성이 같으므로, 책 제목의 첫 자음자를 비교하면 'ㄷ'이 'ㅅ'보다 먼저이므로 ①을 책장에 먼저 꽂아야 합니다.

....

어휘 문제

1 (1) '조합'은 '여럿을 모아 한 덩어리로 짬.'이라는 뜻입니다.
　(2) '배열'은 '여럿을 일정한 순서나 간격으로 죽 벌여 놓음.'이라는 뜻입니다.

2 (1) '비치된'은 '마련되어 갖추어진.'이라는 뜻입니다.
　(2) '해당하는'은 '어떤 범위나 조건 등에 바로 들어맞는.'이라는 뜻입니다.

3 '갈래'는 '하나에서 둘 이상으로 갈라져 나간 부분이나 가닥.'입니다.

....

글의 구조 파악하기

이 글은 도서관에서 책을 분류하는 방법인 청구 기호를 바탕으로, 도서관에서 책을 찾는 방법에 대해 설명하는 글입니다.

5일 공공 자전거를 타고 달려요 　　68~71쪽

1 공공 자전거　**2** (3) ○　**3** (1) 대여 (2) 반납　**4** ④　**5** ④
6 지아　**7** (자전거) 보관소　**8** (1) ㉯ (2) ㉮ (3) ㉰ (4) ㉱

어휘 문제 **1** (1) - ② (2) - ①　**2** (1) 방치 (2) 해소
　　3 (1) ○

글의 구조 파악하기
① 운영　② 환경　③ 장비　④ 반납

---

1 나라에서 운영하고 관리하는 자전거를 '공공 자전거'라고 합니다.

2 이 글에서는 공공 자전거에 대해 소개하며, 공공 자전거의 장점과 이용 방법에 대해 안내하고 있습니다.

3 (1) 출발할 때에는 자전거 보관소에서 공공 자전거를 대여합니다.
　(2) 도착하면 자전거 보관소에 공공 자전거를 반납합니다.

4 ㉠의 뒷부분을 살펴보면, 공공 자전거를 이용하였을 때 환경에 도움이 되고, 원하는 시간에 자전거를 이용할 수 있고, 건강해질 수 있다고 이야기하며 공공 자전거의 장점에 대해 알려주고 있습니다.

5 보호 장비는 자전거 보관소에 없으므로 미리 준비해야 한다고 하였습니다.

6 버스를 기다릴 필요 없이, 원할 때 공공 자전거를 빌려서 탈 수 있다고 하였습니다. 공공 자전거는 아무 데나 반납하는 것이 아니라 자전거 보관소에 반납하여야 합니다.

7 글의 첫 문단에 목적지 근처에 있는 자전거 보관소에 자전거를 반납하여야 한다고 나와 있습니다.

8 (1) 1문단에서는 공공 자전거의 의미와 종류에 대해 안내하고 있습니다.
　(2) 2문단에서는 공공 자전거의 좋은 점을 이야기하고 있습니다.
　(3) 3문단에서는 공공 자전거를 안전하게 이용하는 방법을 안내하고 있습니다.
　(4) 4문단에서는 공공 자전거를 이용할 때 주의할 점에 대해 이야기하였습니다.

....

어휘 문제

1 (1) '착용'은 '옷이나 신발 등을 입거나 신거나 함.'이라는 뜻입니다.
　(2) '구비'는 '있어야 할 것을 다 갖춤.'이라는 뜻입니다.

2 (1) '방치'는 '무관심하게 그대로 내버려 둠.'이라는 뜻입니다.
　(2) '해소'는 '어려운 일이나 좋지 않은 상태를 해결하여 없애 버림.'이라는 뜻입니다.

3 '운영'은 '조직이나 기구, 사업체 등을 관리하고 이끌어 나감.'이라는 뜻의 낱말입니다.

....

글의 구조 파악하기

이 글은 공공 자전거에 대해 소개하며 공공 자전거의 의미와 종류, 장점, 안전하게 이용하는 방법, 이용할 때 주의할 점에 대해 안내하는 글입니다.

1. 좌우　　2. 상업　　3. 상대적　　4. 다양성　　5. 부피
6. 성질　　7. 갈래　　8. 해소　　9. 취업　　10. 상태

1일　**닭과 개의 한살이**　　　74~77쪽

1 한살이　**2** (1) 닭, 뱀, 개구리 (2) 개, 소, 고양이　**3** ③
4 병아리　**5** (2) ○　**6** ④　**7** ㉠, ㉲, ㉳　**8** (1) 눈 (2) 소리
▲어휘 문제 **1** (1) – ② (2) – ①　**2** (1) 짝짓기 (2) 부화
　　　3 (1) ○

☑ **글의 구조 파악하기**
① 한살이　② 알　③ 병아리　④ 새끼　⑤ 강아지

1 '한살이'란 동물이 알이나 새끼의 모습으로 태어나 자란 후 어미가 되어 다시 알이나 새끼를 낳는 과정을 말합니다.

2 닭, 뱀, 개구리는 알을 낳는 동물이고, 개, 소, 고양이는 새끼를 낳는 동물입니다.

3 이 글은 닭과 개의 한살이를 설명하면서, 닭이 병아리일 때의 모습, 닭의 수컷과 암컷의 차이점, 개의 암컷이 새끼를 낳는다는 점 등을 알려 주고 있습니다.

4 닭의 한살이 과정 중 병아리는 몸이 솜털로 덮여 있고 볏과 꽁지깃이 없으며 암수를 구별하기가 어렵습니다.

5 다 자란 닭은 암수 모두 이마와 턱에 볏이 생기고 몸이 깃털로 덮입니다. 수컷은 암컷보다 볏이 크고 꽁지깃이 길어서 휘어집니다.

6 개의 코는 털이 없고 촉촉합니다.

7 개는 갓 태어난 강아지(㉠), 큰 강아지(㉲), 다 자란 개(㉳)의 한살이 과정을 거칩니다.

8 갓 태어난 강아지는 2~3주가 지나면 눈을 떠서 볼 수 있고 귀로 소리를 들을 수 있습니다.

....

어휘 문제

1 (1) '솜털'은 '매우 가늘고 부드러운 털.'입니다.
　(2) '깃털'은 '새의 몸을 덮고 있는 털.'입니다.

2 (1) '짝짓기'는 '동물의 암컷과 수컷이 짝을 이루는 일.'을 뜻합니다.
　(2) '부화'는 '동물의 알 속에서 새끼가 껍데기를 깨고 밖으로 나오는 것.'을 뜻합니다.

3 '볏'은 '닭과 같은 새의 머리 위에 세로 방향으로 붙어 있는 살 조각.'입니다.

....

글의 구조 파악하기
이 글은 알을 낳는 동물인 닭의 한살이와 새끼를 낳는 동물인 개

의 한살이를 통해 동물의 한살이를 설명하는 글입니다.

<table>
<tr><td>**2**일</td><td>**토의도 하고, 토론도 하고**</td><td>78~81쪽</td></tr>
</table>

1 (1) ○ **2** (1) 토론 (2) 토론 (3) 토의 (4) 토의 **3** (1) 해결
(2) 설득 **4** ①, ② **5** (3) ○ **6** ④ **7** (1) ○ **8** ㉣
- -
⬆️어휘 문제 1 (1) – ② (2) – ① **2** (1) 설득 (2) 동의
　　　　　3 (1) ○

☑️ 글의 구조 파악하기
① 협력 ② 답 ③ 설득 ④ 반대

1 이 글은 토의와 토론이 어떤 점에서 다른지를 비교하여 설명하는 글입니다.

2 (1)과 (2)는 찬성편과 반대편이 나뉘므로 토론의 주제입니다. (3)과 (4)는 찬성편과 반대편으로 나뉘지 않고 함께 답을 정해야 하므로 토의 주제입니다.

3 토의는 문제 해결을 위해 서로 협력하여 답을 찾는 말하기이고, 토론은 의견이 다른 문제에 대해 각자의 주장을 내세우며 상대를 설득하기 위한 말하기입니다.

4 토의와 토론을 통해 키울 수 있는 능력으로 의사소통 능력, 문제를 창의적으로 해결하는 능력, 더불어 살아가는 능력 등이 있다고 하였습니다.

5 (1)과 (2)는 찬성과 반대로 의견이 나뉘는 주제이므로 토론에 알맞고, (3)은 급식 후 남는 반찬을 줄이기 위한 해결 방법을 함께 찾아야 하는 주제이므로 토의에 알맞습니다.

6 문제의 답을 찾기 위해 모두가 협력해야 하는 말하기는 토의입니다.

7 '여행지에서 하룻밤을 자고 다음 날에 돌아오자.'에 찬성하는 편이 이겼다면 여행 일정은 1박 2일이 됩니다.

8 토의나 토론은 ㉣와 같이 어떤 문제가 생겼을 때 여러 사람의 의견을 들으면서 그 문제에 대해 논의하는 말하기입니다.

어휘 문제

1 (1) '회의'는 학급 회의처럼 '여럿이 모여 의논하는 것.'을 뜻합니다.
(2) '의사소통'은 '생각이나 말이 서로 통하는 것.'을 뜻합니다.

2 (1) '설득'은 '상대방이 자신의 말을 따르도록 잘 설명하는 것.'을 뜻합니다.
(2) '동의'는 '같은 의견을 가지는 것.'을 뜻합니다.

3 '따지다'는 '옳고 그름, 맞고 틀림 등을 자세히 밝히고 가리다.'라는 뜻의 낱말이고, '맞대다'는 '서로 가깝게 마주 대하다.'라는 뜻의 낱말입니다.

글의 구조 파악하기
이 글은 토의와 토론의 뜻과 특성, 목적 등을 설명하면서 둘의 차이점을 알려 주는 글입니다.

<table>
<tr><td>**3**일</td><td>**고인돌 왕국, 우리나라**</td><td>82~85쪽</td></tr>
</table>

1 고인돌 **2** ② **3** (1) 덮개돌 (2) 받침돌 **4** ⑤ **5** ㉮ 전
세계 고인돌의 40퍼센트가 우리나라에 모여 있기 때문이다. /
우리나라에 고인돌이 무척 많기 때문이다. **6** (1) ○ **7** ②
8 휘성
- -
⬆️어휘 문제 1 (1) – ① (2) – ② **2** (1) 인정 (2) 지정
　　　　　3 (1) ○

☑️ 글의 구조 파악하기
① 무덤 ② 유물 ③ 세계문화유산 ④ 주인

1 고인돌은 청동기 시대에 돌을 괴어 만든 무덤을 말합니다.

2 우리나라에 전 세계 고인돌의 40퍼센트가 모여 있다고 했을 뿐, 몇 개인지는 나와 있지 않습니다.

3 ㉮는 받침돌 위에 올려놓은 덮개돌이고, ㉯는 덮개돌을 받치고 있는 받침돌입니다.

4 고인돌에서는 사람의 뼈, 토기, 석기, 청동 거울, 청동 검 등이 나옵니다.

5 우리나라에 전 세계 고인돌의 40퍼센트가 모여 있을 정도로 고인돌이 아주 많기 때문에 우리나라는 '고인돌 왕국'이라고 불립니다.

6 (1)의 '고여'는 '막대기로 나무가 쓰러지지 않게 아래를 받쳐 안정시켜.'라는 뜻으로 쓰였습니다.
(2)의 '고여'는 '눈에 눈물이 어려.'라는 뜻으로 쓰였습니다.

7 고인돌의 덮개돌을 받침돌 위에 올려놓으려면 많은 사람들이 필요했을 것이기 때문에 많은 사람들을 모을 수 있는 힘이 센 지배자들이 고인돌의 주인이었을 것으로 추측할 수 있습니다.

8 고인돌이 가치 있는 문화유산인 까닭은 청동기 시대 사람들의 삶의 모습을 담고 있기 때문입니다.

어휘 문제

1 (1) '토기'는 '원시 시대에 쓰던, 흙으로 만든 그릇.'을 뜻합니다.
　(2) '석기'는 '주로 원시인이 쓰던, 돌로 만든 여러 도구.'를 뜻합니다.

2 (1) '인정'은 '어떤 것이 확실하다고 여기거나 받아들이는 것.'을 뜻합니다.
　(2) '지정'은 '공공 기관이나 단체 등이 어떤 것을 특별한 자격이나 가치 있는 것으로 정하는 것.'을 뜻합니다.

3 '유물'은 '앞선 시대에 살았던 사람들이 후대에 남긴 물건.', '유언'은 '사람이 죽기 전에 남긴 말.'입니다.

글의 구조 파악하기

이 글은 고인돌이 무엇이고 우리나라 고인돌이 어떤 가치를 지니고 있으며 고인돌의 주인은 누구인지 등을 설명하는 글입니다.

4일 감기와 독감, 같은 듯 달라요　86~89쪽

1 차이점　**2** ①, ③　**3** (1) 감기 (2) 독감　**4** ②　**5** (2) ○
6 정아　**7** 예 예방 접종의 효과가 1년밖에 되지 않기 때문이다.　**8** ㉣

어휘 문제　**1** (1) - ② (2) - ①　**2** (1) 면역력 (2) 증상
　　　3 (1) ○

☑ 글의 구조 파악하기
① 원인　② 호흡기　③ 주사　④ 전신

---

1 이 글은 감기와 독감이 어떤 점에서 다른지 설명하는 글입니다.

2 감기와 독감의 원인이 되는 바이러스가 서로 다르며, 감기와 독감에 걸렸을 때 나타나는 증상에도 차이가 있다고 설명하고 있습니다.

3 감기는 원인이 되는 바이러스의 종류가 많아 그에 맞는 예방 백신을 만들 수 없지만, 독감은 원인이 되는 바이러스의 종류가 세 가지라서 그에 맞는 예방 백신을 만들 수 있습니다.

4 감기의 일반적인 증상은 재채기, 콧물, 코막힘, 기침 등의 호흡기 증상입니다.

5 독감은 예방 백신이 있어서 예방 주사를 맞으면 예방이 가능합니다.

6 독감은 원인이 되는 바이러스의 종류가 감기에 비해 훨씬 적어 그에 맞는 예방 백신을 만들 수 있습니다.

7 예방 접종의 효과가 1년밖에 되지 않기 때문에 해마다 예방 접종이 필요합니다.

8 감기와 독감을 예방하려면 바이러스에 감염되지 않도록 사람이 많이 모이는 장소에 가지 않는 것이 좋습니다.

어휘 문제

1 (1) '백신'은 '전염병에 대한 면역력을 기르기 위해 병의 균이나 독소를 이용하여 만든 약품.'을 뜻합니다.
　(2) '바이러스'는 '감염성 병원체가 되는 아주 작은 미생물.'을 뜻합니다.

2 (1) '면역력'은 '몸 밖에서 들어온 병균을 이겨 내는 힘.'을 뜻합니다.
　(2) '증상'은 '병을 앓을 때 나타나는 여러 가지 상태.'를 뜻합니다.

3 '환절기'는 '계절이 바뀌는 시기.', '사계절'은 '봄, 여름, 가을, 겨울의 네 계절.'을 뜻합니다.

글의 구조 파악하기

이 글은 감기와 독감이 어떻게 다른지를 원인, 예방 백신, 증상에서의 차이점을 중심으로 설명하는 글입니다.

5일 국민 생선, 명태　90~93쪽

1 명태　**2** ④　**3** 태수, 현성　**4** ⑤　**5** ⑤　**6** 많습니다
7 ㉡　**8** 생태

어휘 문제　**1** (1) - ② (2) - ①　**2** (1) 대량 (2) 어획량
　　　3 (2) ○

☑ 글의 구조 파악하기
① 명태　② 코다리　③ 노가리　④ 요리

1 이 글은 '국민 생선'으로 불리는 명태의 다양한 이름과 요리법 등에 대해 설명하고 있습니다.

2 이 글에서는 명태로 할 수 있는 다양한 요리의 종류를 설명하고 있습니다.

3 명태는 2008년 이후에 우리 바다에서 거의 찾아볼 수 없다고 하였습니다.

4 명태의 식재료로 이용되는 부위는 살코기, 머리, 꼬리, 내장입니다.

5 생태는 갓 잡은 싱싱한 상태의 명태이고, 북어는 바싹 말린 명태입니다. 코다리는 코에 꿰어 반쯤 건조시킨 상태로 말린 명태이고, 동태는 꽁꽁 얼린 상태의 명태입니다.

6 명태는 국, 찌개, 젓갈, 구이, 찜, 무침 등 다양한 방식의 요리가 가능합니다.

7 과거에는 우리 바다에서 명태가 많이 잡혀 우리나라를 '명태의 나라'라고 부르기도 했었는데, 오늘날에는 명태가 거의 잡히지 않고 있습니다.

8 명태가 잡힌 지 얼마 안 되어 싱싱하다고 하였으므로 엄마가 요리에 사용할 명태는 생태입니다.

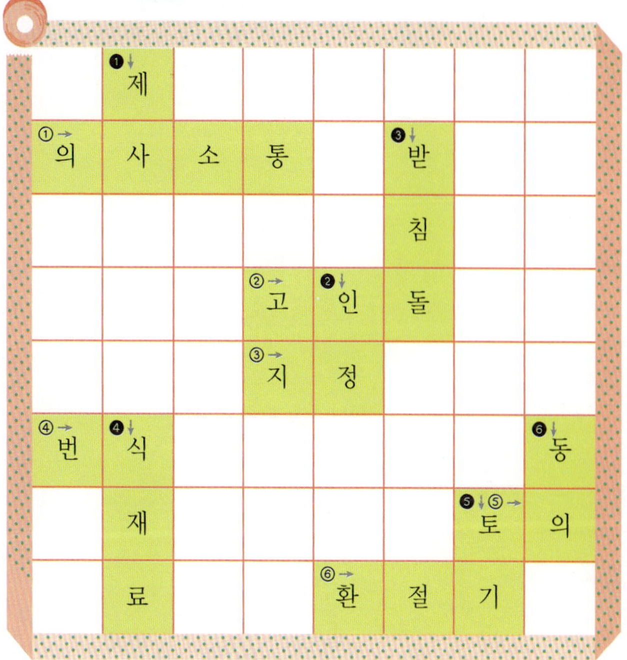

어휘 문제

1 (1) '제사'는 '신이나 죽은 사람에게 음식을 바쳐 정성을 나타내는 의식.'을 뜻합니다.
(2) '혼례'는 '성인 남녀가 법적으로 부부가 됨을 알리는 의식.'을 뜻합니다.

2 (1) '대량'은 '아주 많은 양.'을 뜻합니다.
(2) '어획량'은 '바다나 강에 사는 생물을 잡거나 캐낸 수량.'을 뜻합니다.

3 '꾸덕꾸덕하다'는 '물기 있는 물체의 겉 부분이 조금 마르거나 얼어서 꽤 굳어 있다.'라는 뜻의 낱말입니다. '끄덕끄덕하다'는 '머리를 가볍게 아래위로 자꾸 움직이다.'라는 뜻의 낱말입니다.

글의 구조 파악하기

이 글은 명태가 국민 생선이라고 불리는 까닭을 설명하고, 명태의 다양한 이름과 다양한 요리를 소개하는 글입니다.

메모

4주 완성
독해력
정답과 해설

EBS

EBS와 함께하는 자기주도 학습 초등·중학 교재 로드맵

		예비 초등	1학년	2학년	3학년	4학년	5학년	6학년

전과목 기본서/평가

BEST 만점왕 국어/수학/사회/과학
교과서 중심 초등 기본서

만점왕 통합본 학기별(8책) **HOT**
바쁜 초등학생을 위한 국어·사회·과학 압축본

만점왕 단원평가 학기별(8책)
한 권으로 학교 단원평가 대비

기초학력 진단평가 초2~중2
초2부터 중2까지 기초학력 진단평가 대비

국어

독해
4주 완성 독해력 1~6단계
학년별 교과 연계 단기 독해 학습

문학

문법

어휘
어휘가 독해돼! 초등 국어 어휘 1~2단계
1, 2학년 교과서 필수 낱말 + 읽기 학습

어휘가 독해돼! 초등 국어 어휘 기본
3, 4학년 교과서 필수 낱말 + 읽기 학습

어휘가 독해돼! 초등 국어 어휘 실력
5, 6학년 교과서 필수 낱말 + 읽기 학습

한자
참 쉬운 급수 한자 8급/7급 II/7급
한자능력검정시험 대비 급수별 학습

어휘가 독해돼! 초등 한자 어휘 1~4단계
하루 1개 한자 학습을 통한 어휘 + 독해 학습

쓰기
참 쉬운 글쓰기 1-따라 쓰는 글쓰기
맞춤법·받아쓰기로 시작하는 기초 글쓰기 연습

참 쉬운 글쓰기 2-문법에 맞는 글쓰기/3-목적에 맞는 글쓰기
초등학생에게 꼭 필요한 기초 글쓰기 연습

문해력
어휘/쓰기/ERI독해/배경지식/디지털독해가 문해력이다
평생을 살아가는 힘, 문해력을 키우는 학기별·단계별 종합 학습

문해력 등급 평가 초1~중1
내 문해력 수준을 확인하는 등급 평가

영어

EBS ELT 시리즈 | 권장 학년 : 유아 ~ 중1

EBS Big Cat — Collins BIG CAT
다양한 스토리를 통한 영어 리딩 실력 향상

EBS Big Cat — Shinoy and the Chaos Crew
흥미롭고 몰입감 있는 스토리를 통한 풍부한 영어 독서

EBS easy learning — easy learning
저연령 학습자를 위한 기초 영어 프로그램

독해
EBS랑 홈스쿨 초등 영독해 Level 1~3
다양한 부가 자료가 있는 단계별 영독해 학습

EBS 기초 영독해
중학 영어 내신 만점을 위한 첫 영독해

문법
EBS랑 홈스쿨 초등 영문법 1~2
다양한 부가 자료가 있는 단계별 영문법 학습

EBS 기초 영문법 1~2 **HOT**
중학 영어 내신 만점을 위한 첫 영문법

어휘
EBS랑 홈스쿨 초등 필수 영단어 Level 1~2
다양한 부가 자료가 있는 단계별 영단어 테마 연상 종합 학습

쓰기

듣기
초등 영어듣기평가 완벽대비 학기별(8책)
듣기 + 받아쓰기 + 말하기 All in One 학습서

수학

연산
만점왕 연산 Pre 1~2단계, 1~12단계
과학적 연산 방법을 통한 계산력 훈련

개념

응용
만점왕 수학 플러스 학기별(12책)
교과서 중심 기본 + 응용 문제

심화
만점왕 수학 고난도 학기별(6책)
상위권 학생을 위한 초등 고난도 문제집

특화
초등 수해력 영역별 P단계, 1~6단계(14책)
다음 학년 수학이 쉬워지는 영역별 초등 수학 특화 학습서

사회

사회 / 역사
초등학생을 위한 多담은 한국사 연표
연표로 흐름을 잡는 한국사 학습

매일 쉬운 스토리 한국사 1~2 /스토리 한국사 1~2
하루 한 주제를 이야기로 배우는 한국사/ 고학년 사회 학습 입문서

과학

과학

기타

창체
창의체험 탐구생활 1~12권
창의력을 키우는 창의체험활동·탐구

AI
쉽게 배우는 초등 AI 1(1~2학년)
초등 교과와 융합한 초등 1~2학년 인공지능 입문서

쉽게 배우는 초등 AI 2(3~4학년)
초등 교과와 융합한 초등 3~4학년 인공지능 입문서

쉽게 배우는 초등 AI 3(5~6학년)
초등 교과와 융합한 초등 5~6학년 인공지능 입문서